박노진의
식당
공부

박노진의
식당
공부

박노진의
식당
공부

박노진의 식당 공부

2020. 7. 13. 초 판 1쇄 인쇄
2020. 7. 21. 초 판 1쇄 발행

지은이 | 박노진
펴낸이 | 이종춘
펴낸곳 | BM (주)도서출판 **성안당**
주소 | 04032 서울시 마포구 양화로 127 첨단빌딩 3층(출판기획 R&D 센터)
| 10881 경기도 파주시 문발로 112 출판문화정보산업단지(제작 및 물류)
전화 | 02) 3142-0036
| 031) 950-6300
팩스 | 031) 955-0510
등록 | 1973. 2. 1. 제406-2005-000046호
출판사 홈페이지 | **www.cyber.co.kr**
ISBN | 978-89-315-8950-4 (13320)
정가 | 15,000원

이 책을 만든 사람들
책임 | 최옥현
기획 · 진행 | 박남균
교정 · 교열 | 디엔터
본문 · 표지 디자인 | 디엔터, 박원석
홍보 | 김계향, 유미나
국제부 | 이선민, 조혜란, 김혜숙
마케팅 | 구본철, 차정욱, 나진호, 이동후, 강호묵
마케팅 지원 | 장상범, 조광환
제작 | 김유석

■ **도서 A/S 안내**

성안당에서 발행하는 모든 도서는 저자와 출판사, 그리고 독자가 함께 만들어 나갑니다.
좋은 책을 펴내기 위해 많은 노력을 기울이고 있습니다. 혹시라도 내용상의 오류나 오탈자 등이
발견되면 "좋은 책은 나라의 보배"로서 우리 모두가 함께 만들어 간다는 마음으로 연락주시기
바랍니다. 수정 보완하여 더 나은 책이 되도록 최선을 다하겠습니다.
성안당은 늘 독자 여러분들의 소중한 의견을 기다리고 있습니다. 좋은 의견을 보내주시는 분께는
성안당 쇼핑몰의 포인트(3,000포인트)를 적립해 드립니다.
잘못 만들어진 책이나 부록 등이 파손된 경우에는 교환해 드립니다.

앞으로 남고 뒤로 밑지지 않는 데이터 경영 노하우

박노진의 식당공부

박노진 지음

BM (주)도서출판 성안당

PART 1
숨은 매출의 법칙

Part 2
최적의 고객 단가

Part 3
한식 메뉴의 재발견

Part 4
수익 창출의 법칙

01 손익 프레임을 발견하다

02 수익 증가가 먼저다

03 그래도 여전히 지키고 싶은 것들 앞에서

실습 문제

특별 부록
우리 가게 진단표

9할의 운을
채워주는 사람

"식당이요? 하지 마세요."

식당을 하겠다는 분들이 내게 의견을 물으면 나는 단호하게 말린다. 진심으로 말린다. 한국은 인구에 비해 식당이 너무 많다. 그러니 폐업률이 매우 높다. 음식 솜씨가 모자라거나 성실함이 부족하여 폐업하는 것이 아니라 과도한 경쟁이 벌어지고 있는 한국 외식시장이 근본적인 원인이다. 질 것이 뻔한 게임을 하겠다는데, 이를 말리지 않는 것은 비윤리적이다.

한국 방송에서 가장 많이 등장하는 업종이 외식업이다. 제작진이 섭외하기가 만만하다. 식당 주인의 라이프 스토리에다 요리 장면, 손님의 먹방에 이르기까지 그 좁은 공간에 다양한 화면을 구성할 수 있는 소재가 가득하니 제작진으로서는 거저먹기이다. 방송은 보통의 식당도 대박 식당으로 포장한다. 그래야 시청률이 나온다. 장사가 잘 안되는 식당에 솔루션을 제공하는 방송도 있다. 실제로 방송 후 손님이 줄을 선다. 그 정도는 쉽게 따라 할 수 있을 듯하다. 솔루션 덕이 아니다. 방송에 나와서 손님이 줄을 설 뿐이다. 그런데도 방송을 보며 꿈을 꾼다. 나도 대박 식당 주인이 될 수 있다는 꿈 말이다.

그러나 망상이다. 나는 30년 가까이 그 망상으로 가산을 탕진하는 수많은 사람을 바로 곁에서 보아 왔다. 그들의 음식은 훌륭했고, 매우 성실했고, 착하기까지 했다. 심지어 방송도 여러 차례 나왔음에도 망해나갔다. 한국 외식시장에서 망하는 것은 당연한 일이고, 흥하는 것은 기적이다. 기적은 실력과 노력만으로 되는 것이 아니다. 운이 9할이다.

그런데도 꼭 식당을 하겠다고 하면, 조금의 조언은 해준다. "이때까지 방송에서 보아 왔던 식당 이야기는 머릿속에서 완전히 지우세요. '전국적 대박 식당'은 별종입니다. 식당은 동네 장사입니다. 동네 사람들의 사정을 파악하고 그들과 소통하는 방법을 터득하세요. 잠시 돈 벌고 그만두겠다고 생각한다면 시작하지 마세요. 적어도 10년은 해야 동네 식당으로 자리를 잡습니다. 그러기 위해서는 저한테 조언을 들을 것이 아니라, 10년 정도 한 동네에서 꾸준히 식당을 하신 분들을 만나, 프랜차이즈는 말고요, 그분들께 말씀을 청하세요."

박노진을 처음 본 것은 어느 인문학자의 강연 자리였다. 식당을 할 사람으로는 보이지 않았다. 그는 사람의 말에 귀를 기울일 줄 아는 능력이 있었다. 그의 식당에 가서 밥을 먹었고, 컨설팅을 받으며(혹은 그와 연대하며) 식당을 경영하는 사람들과 함께 벤치마킹 투어를 하였다. 그리고 나를 불러 직원들을 대상으로 음식 인문학 강연을 하게 하였다. 그는 식당 경영에 큰 도움이 될 것 같지도 않은 내 말에 집중하였다.

박노진은 가끔 내게 데이터의 중요성을 말해주었다. 나는 그런 일에 젬병이지만, 식당 손님인 동네 사람들의 성향을 파악하는 일을 정밀하게 분석하는 작업 중의 하나임을 눈치채고 있었다. 나는 한국인의 외식 현상을 해설하고 있었고, 그는 한국인의 외식 현상을 분석하고 있었다. 해설은 다음 단계로 나아갈 것이 없지만 분석은 식당 경영의 방향 설정에 도움을 준다. 그는 자신의 분석을 위해 나의 해설이 필요했던 것이고, 그래서 수

박노진의 식당 공부

시로 나를 만나 이야기를 들었다.

　박노진의 원고를 읽어도 나는 감이 없다. 나는 식당 경영에 관심이 없어서 그의 생각이 과연 식당 경영에 도움이 될 것인지 파악하기가 어렵다. 다만, 이것만은 분명하다. 식당을 하겠다는 분들은 박노진에게 들어야 한다. 그의 식당과 그가 컨설팅하는 식당들이 각각의 동네에서 탄탄히 자리를 잡은 것이 그 첫째 이유이다. 둘째 이유는, 그는 검증되지 않은 사실은 좀체 입에 올리지 않는 신중한 성격이라 적어도 헛된 길로 유도당하는 일은 없을 것이다. 그래서 이 책도 늦어졌을 것이다. 그의 실력으로 봐서는 진작에 나왔어야 할 책이다.

　아무리 말려도 식당 경영이 나의 운명이라고 고집하는 여러분들은 박노진의 말에 귀를 기울일 필요가 있다. 특히 코로나 19 이후의 상황을 이겨내기 위해서는 보다 정밀한 분석과 전략이 필요하다. 식당은 운이 9할이라 하였는데, 그 9할의 대부분은 사람한테서 온다. 박노진 같은 사람을 곁에 두면 지옥 같은 한국의 외식업계에서 조그만 승리를 얻는 데에 유리할 것이다.

- 맛 칼럼리스트 황교익 -

식당 사장님들에게
데이터는 어떤 의미일까?

식당 사장님들과 식당 데이터 경영에 관한 이야기를 나누다 보면 두 번 놀란다. 첫 번째 놀라움은 생각보다 많은 사장님이 식당 데이터에 관한 관심이 있고 나름의 방식대로 매출과 수익을 정리하고 있다는 것이다. 두 번째 놀라움은 그 방식이 자신도 알아볼 수 없을 정도로 정리가 안 되어 있다는 것이다. 그들에게 "재료비 비율이 어떻게 되나요?"라고 물으면 대략 "이 정도 된다."라고 대답을 하긴 하는데 그게 맞는 숫자인지 확신이 없다는 것이다. 대충 감으로 셈을 해 볼 뿐이다.

데이터 경영은 그때그때 확인하는 매출, 비용 그리고 수익을 언제든 꺼내 보고 활용할 수 있도록 체계적으로 정리해 두는 것이다. 누가 언제든 우리 가게에 관한 질문을 해도 숫자, 즉 데이터로 대답할 수 있게 말이다. 데이터 경영을 하면 가게의 최고 매출과 최소 매출, 평균 매출에 대한 그

림이 머릿속에 자리 잡게 된다. 우리 가게는 여름에 손님이 많은지 겨울에 손님이 많은지, 점심과 저녁에는 어떤 메뉴가 잘 팔리는지 확인할 수 있다. 어느 메뉴를 집중적으로 팔아야 가게 수익이 올라가는지 계산할 수 있도록 도와준다.

어렵게 생각하지 않아도 된다. 월말에 한 번씩 포스에서 이번 달엔 얼마를 벌었는지 확인하고, 비용을 지출하면 영수증들을 어디에 모아 두었는지를 확인하는 것 등이 데이터 경영의 시작이라고 보면 된다. 흩어져 있던 숫자들을 모으고 차곡차곡 기록하기만 해도 전혀 다른 의미가 생겨난다. 그 숫자들을 연결하고 의미를 해석하는 방법들을 이 책은 상세하면서도 알기 쉽게 설명한다.

'밥장사나 할까?'

이도 저도 안 되고 약간의 퇴직금을 손에 쥐게 되었을 때 사람들은 식당 창업이라는 것을 쉽게 생각한다. 우리는 어느 날 갑자기 '약국이나 차릴까 혹은 선생님이나 할까'라고 생각하지는 않는다. 그런데 식당 사장 정도는 마음만 먹으면 누구나 할 수 있는 일처럼 보이나 보다. 모두가 하루에 세 끼씩 먹는 밥이니 문만 열어놓고 있어도 누군가는 찾아올 것이라는 기대를 한다. 때마침 널리고 널린 게 프랜차이즈라 잘 고르기만 하면 식당 개업까지 착착 알아서 진행된다. 식당 하나 갖는 것쯤이야 돈만 주면 다 되는 세상이다.

그러나 식당은 시작하기는 쉬워도 운영하고 유지하는 게 정말 힘들다. 진입장벽이 낮아 내가 쉽게 시작할 수 있다는 건 바꿔 말하면 다른 사람도 쉽게 뛰어들 수 있다는 것이다. 경쟁이 그만큼 치열하다. 가게 문을 열고 나면 예상치 못한 상황들이 밀려와 속이 타고 입술이 터진다. 철저히 준비하고 시작해도 그런데, 마음가짐이며 아이템에 대해 특별한 고민 없이 시작한 사장님들은 오죽하겠는가! 특히 안타까운 사람들은 매출이 어느 정도 나오는데도 불구하고 적자에 시달리는 사장님들이다. 끊임없이 바쁘고 정신이 없는데 돈은 어디론가 줄줄 새 나가고 있다. 앞으로는 남는데 뒤로는 밑지는 장사가 계속된다. 심지어 어떤 분은 자신이 얼마나 벌고 있는지도 모른 채 달리기에만 열중하느라 녹초가 된다. 도무지 무엇이 잘못됐고 어디서부터 바로잡아가야 하는지 몰라서 헤맨다. 식당은 계속 생겨나고 식당 사장님들의 고민과 걱정은 늘어만 간다.

식당 운영에 대한 정확한 데이터와 다양한 분석이 턱없이 부족한 상황이다. 전문적인 회계방식이나 통계분석들을 참고하기에는 너무 어렵고 복잡하다. 간단하면서도 손쉬운 식당 데이터를 찾아다니는 식당 사장님들은 놀랍도록 많고 고민의 깊이 또한 절박하다. 매출과 비용 그리고 수익을 계산하고 그 돈이 정확히 내 통장에 들어오는지를 확인해 볼 수 있는 정도면 된다. 우리 가게에 어떤 손님이 오고 어떤 메뉴가 잘 팔리는지 파악하고 원가는 적절하고 바쁘게 장사가 잘된 만큼 수익이 나는지를 확인할 수 있는 정도면 된다. 이걸 위해서 손익계산서까지 들먹이며 매출채권이니 이익잉여금을 따질 여유가 없다. 하루 장사를 정리하고 나서 또 마감을 위해 한두 시간씩 숫자와 씨름할 수도 없다. 그만큼 식당 사장의 삶은 매우 고달프다.

식당 사장님들의 어려움을 조금이라도 덜어 주고 싶은 마음에 데이터 경영 강의 자료들을 정리해서 책으로 엮었다. 맛과 서비스로 승부하던 외식업에도 데이터에 기초한 매출 증가를 이뤄낼 방안이 있다. '숟가락반상 마실' 천안 본점을 운영해 왔던 지난 12년 동안 데이터를 기록하고 분석을 통해 매출 증가, 원가 관리, 수익 증가를 달성해 왔다. 그 내용을 바탕으로 식당에 데이터가 어떻게 적용되고 활용될 수 있는지 알 수 있다.

이 책의 가장 큰 특징은 쉽다는 것이다. 책을 쓰면서 어디서부터 어디까지 다뤄야 하는지를 깊게 고민했다. 딱 식당 운영에 필요한 만큼만 가져왔다. 회계 용어나 통계 용어는 될 수 있으면 사용하지 않았다. 형식은 참고하되 식당 현장에서 사용하는 용어 그대로를 갖고 왔다. 통계와 회계에 대해 전혀 모르는 사람들도 읽기 쉽도록 어렵거나 이해가 안 되는 단어들을 최대한 현장의 언어로 바꿨다. 이해를 돕기 위해 거대한 기업에서 사용하는 개념들을 모두 덜어내고, '매출, 비용, 수익'이라는 간단한 구조만 남겼다. 식당이라는 업종 특성상 매출을 조금 더 세분화해서 들여다볼 필요가 있기에 메뉴 분석이 추가됐다.

나의 목적은 간단하다. 매출, 비용, 수익 그리고 우리 가게에 들어오는 돈과 나가는 돈을 명확히 숫자로 정리할 수 있도록 안내한다. 그렇게 정리된 숫자들 사이의 의미를 이해하고 매출 계획을 세우고 비용을 절감하여 결국 수익이 증가할 수 있도록 돕는다. 이 모든 것을 매일 15분의 투자만으로 가능하도록 최적화시켰다.

마실 방식을 따라 했던 사장님들의 경우, 처음에는 영수증 찾으랴 포스와 씨름하랴 더디고 시간이 걸렸다. 하지만 곧 익숙해지고 직원들이 주방 정리를 하는 동안 혹은 식당 오픈 전 15분의 투자만으로 우리 가게 매출과 비용, 수익을 정확히 정리할 수 있었다. 이렇게 정리된 데이터를 바탕으로 월말에는 조금 더 시간을 내어 월간 흐름을 깊이 있게 분석해 볼 수 있었다.

　아무리 좋은 것이 있다 해도 우리 가게에 직접 적용해 보지 않으면 아무것도 얻지 못한다. 마실의 데이터를 정리하고 운영하는 방식은 자체적으로 개발해서 활용하고 있다. 규칙이라기보다는 가이드라인이라고 보면 좋다. 마실 방식을 참고해서 우리 가게에 맞는 양식을 만들어 꾸준히 데이터를 쌓아가는 것이 중요하다. 이 책을 손에 쥔 식당 사장님 한 분 한 분이 데이터를 차근차근 쌓고 그 속에서 길을 발견해 가는 기쁨을 찾고 있다면, 나는 그 기쁨을 모두 더한 것 이상으로 기쁠 것이다.

PART 1

숨은 매출의
법칙

01

불타는 갑판 위에 서다

평범한 백반집 마실을 인수하다

2,500평의 거대한 고깃집이 한순간에 무너졌다. 가게를 시작한 지 1년 반만에 터진 광우병 때문이었다. 달리 손쓸 도리가 없었다. 나쁜 일은 함께 온다고 했던가? 비슷한 시기 동시에 투자한 서너 개의 사업도 같이 무너지기 시작했다. 10억 원가량의 투자금도 함께 사라졌다. 한때 100억 대의 매출을 올리던 회사의 대표였던 내게는 견딜 수 없는 시련이고 마주하기 힘든 현실이었다. 고깃집을 정리하기까지 매일의 시간은 지옥 같았다. 자리에 누워도 잠이 오지 않았다. 다음 날 새벽같이 가게로 가는 길이 끔찍하기만 했다. 그나마 남아 있던 한줌의 자존심마저 눈 녹듯

사라졌다. 나는 마치 불타는 갑판 위에 서 있는 기분이었다. 죽느냐 사느냐의 문제가 아니었다. 어떻게 죽느냐의 문제였다. 갑판 위에 남아 불에 타 죽거나 바다로 뛰어들어 빠져 죽든가 둘 중의 하나였다.

그런데 아직 내가 감당할 시련이 남아 있었던 것일까? 그도 아니면 운명이었을까? 마실의 인수를 권유받은 때가 바로 그즈음이었다. 식당 운영에 지친 어느 가게 주인이 나를 집요하게 따라다녔다. 그러나 고깃집 실패로 워낙 뜨겁게 데인 나로서는 다시 외식업을 시작할 마음이라곤 조금도 남아 있지 않았다. 그러나 마실 주인의 고집과 인내심도 만만치 않았다. 내가 아니면 안 된다는 식의 일방적인 권유가 계속되었다. 그러자 조금씩 마음이 흔들리기 시작했다. 나만 생각하면 고민할 이유가 없었다. 그러나 형제처럼 믿고 따르던 후배가 사업 실패 후 천안으로 내려왔다. 다른 일을 하던 형님 한 분도 함께할 수 있는 일이 없는지 내게 물어왔다. 이상한 책임감이 다시금 내 마음을 흔들어 놓기 시작했다. 고민에 고민을 거듭했다. 왠지 모르게 이들의 나머지 인생을 책임져야 할 것만 같았다. 은행 지점장인 친구와 전 마실 사장을 앞에 두고 한 가닥 남은 실낱같은 방법을 찾기 시작했다. 결국, 지금의 식당에 전세권 설정을 하고 1억의 돈을 대출받기로 했다. 나머지 1억은 6개월 후에 갚는 조건이었다. 돌이킬 수 없는 배수의 진을 치고 나니 오히려 마음이 편했다. 마실과 함께할 긴 여정이 시작되는 순간이었다.

2006년 3월, 드디어 마실을 인수했다. 그때의 마실은 평범한 백반집이었다. 청국장을 기본으로 한 10여 가지의 반찬이 전부였다. 주고객인 고령층의 재방문 기간이 현저하게 길었다. 한 마디로 손님이 자주 찾지 않았다. 젊은 손님들의 반응은 더 시큰둥하기만 했다. 직원들의 사기는 바닥을 치고 있었다. 한 달 매출은 3,000만 원 정도였는데 재료비가 무려 36%에 달했다. 식당 찬모를 데리고 전국의 한정식집을 발품을 팔아가며 찾아다녔다. 뭔가 확실한 변화 없이는 유지조차 쉽지 않을 것 같았다. 악전고투 끝에 요리연구가를 찾았다. 퓨전한정식 메뉴를 의뢰하기 위해서

▲한정식 마실 전경

였다. 2,000만 원을 투자해 약 3개월 동안 새로운 메뉴를 개발했다. 생존을 위한 절박한 선택이었다. 이미 2억을 투자한 마당에 그 정도의 투자는 고민스럽지도 않았다. 어차피 모 아니면 도라고 생각했다. 2006년 5월, 드디어 새로운 메뉴가 마실의 메뉴판을 장식하기 시작했다. 하지만 손님들의 반응은 싸늘하기만 했다. 상차림을 보자마자 바로 일어나는 손님도 있었다. 물론 바뀐 메뉴에 호의적인 손님들도 있었다. 10명 중 2명 정도 주로 젊은 손님들이 좋은 점수를 줬다. 하지만 대부분 부정적인 평가였다. 가게에 머물러 있는 일이 두려워 견딜 수 없었다.

두려움이 만든 창조적 단절의 시간

점심시간이 시작되면 식당을 나와 주변을 배회했다. 친구를 만나고 산을 찾고 절을 찾았다. 그마저도 지겨워지면 도서관을 찾았다. 그리고 2시간 정도가 지나면 식당에 전화를 걸었다. 매출이 좀 있는 날이면 콧노래를 부르며 식당으로 돌아왔다. 손님이 없는 날이면 세상 모든 것을 잃어버린 기분으로 종일 우울했다. 그렇게 6개월의 시간이 흘러 11월이 되었다. 11월은 수능 시험일이 있는 데다 단풍놀이와 같은 나들이로 대부분의 식당은 비수기를 맞는 때였다. 그런데도 매출은 3,000만 원에서 7,500만 원까지 올라 있었다.

백반집을 퓨전한정식으로 바꾼 나의 선택이 맞아떨어진 셈이었다. 무려 5년만에 맞닥뜨린 첫 성과였다. 나는 불타는 갑판 위에서 바다로 뛰어들었고 그 결정은 옳은 것이었다. 그제야 조금씩 시장이 보이기 시작했다. 손님들을 연구하기 시작했다. 우아하게 사업을 하고 싶다는 생각이 조금씩 고개를 들기 시작했다. 이전과 같은 실패를 다시 반복하고 싶지 않았다. 나는 그 결심을 하나둘씩 실행에 옮기기 시작했다.

아이러니하게 나는 식당을 하면서도 장 보는 일이 싫었다. 손님 접대는 더더욱 불편했다. 가게를 찾아준 단골손님이 청하는 한 잔을 거절할 수 없었다. 그렇게 인사라도 나누고 나면 청첩장이 날아왔다. 그래서 찾

▲ 퓨전한정식으로 개발한 음식들

◀ 요리아카데미에서 요리
를 배워야만 했던 시절

은 방법이 고객 응대를 전담하는 직원을 고용하는 것이었다. 그리고 메뉴 개발을 위해서 영양사를 뽑았다. 조리사로도 충분한 일에 왜 돈을 쓰냐는 주변의 반대가 이어졌다. 하지만 이러한 내 결심의 배경에는 다 이유가 있었다. 자고로 리더란 내가 잘하지 못하는 일을 위임하는 데 있다고 생각했다. 꼭 필요한 사람을 적재적소에 배치하는 일이 내가 생각하는 사장의 일이었다. 아내를 식당으로 불러 모든 돈 관리를 맡겼다.

하지만 보통의 식당 사장이라면 해야 할 일을 다른 사람에게 위임하니 또다시 수익이 줄어들었다. 그러나 이 선택이 옳았음을 알게 된 것은 약 1년여가 지난 후였다. 식당의 모든 일이 전문가의 손길을 타기 시작하자 시스템이 만들어지기 시작했다. 사장이 일일이 관리하지 않아도 저절로 식당이 운영되는 놀라운 일들이 벌어졌다. 그 대신 나는 정말로 중요한 일에 매진하기로 했다. 내가 잘할 수 있고 좋아하는 일이었다. 바로 매일의 매출을 일일이 점검하고 관리하는 일이었다. 나는 어느 식당에나 자리 잡은 '포스(POS)'에 집중했다. 하지만 그때까지만 해도 이러한 결정이 마실의 운명을 바꿀 수 있을 것이라곤 짐작도 하지 못했다.

익숙한 포스의 재발견

음식점을 운영하는 대부분의 매장에는 포스가 있다. 여기서 포스란 손님이 몇 번 테이블에서 어떤 메뉴를 주문했는지 등을 보여주는 판매 정보 관리 시스템을 말한다. 여기에 결제 기능이 추가되어 이제는 음식점에 없으면 절대 안 되는 필수 도구로 자리잡았다. 하지만 매일같이 사용하고 들여다보는 이 포스에 우리 가게에 관한 어마어마한 정보가 들어있다는 사실을 나는 미처 알지 못했다. 다른 사장들처럼 나도 이 기계를 그저 돈 통 정도로만 생각했을 뿐이었다.

그런데 식당 운영에 필요한 대부분의 숫자가 바로 이 포스에 있었다. 특히 매출과 관련된 숫자들은 모두 포스에 기록되어 있었다. 포스 종류에 따라 조금씩 차이는 있지만, 대부분의 포스는 매출 정산, 메뉴별 주문 수량 정산, 카드사별 주문 금액 정산, 현금과 카드 정산 등의 자료가 집계되어 나온다. 하루 방문한 고객 숫자나 주문한 인원, 주문 테이블 수량에 따라 고객 수와 고객 단가를 알아낼 수도 있었다. 예전에는 일일이 수기로 작성해야 했지만, 지금은 포스 없이 이런 결산은 생각할 수 없을 정도로 편리해졌다. 물론 매장에서 발생하는 매출 외에 배달 등의 별도 매출이 발생할 때는 다른 방법이 필요했다. 예를 들어 배달의 민족에서 주문이 접수되는 경우 포스에 따로 입력하기도 하고, 별도의 입력 없이 바로 주문 접수 후 배달을 하기도 했다. 만약 포스에 입력하지 않고 바로 주문이 처리되는 경우엔 배달의 민족 등에서 별도로 제공되는 매출 자료를 확인하고 추가로 준비를 해야 했다.

나 역시 가게의 월 매출이 어느 정도 되는지 대략 알고 있었을 뿐이었다. 새삼스럽게 한꺼번에 자료를 뽑아 보지 않더라도 매일 들여다보는 매출이니 잘 알고 있다고 생각했다. 말일이 지나 월 매출을 확인할 때는 한 달 장사를 하면서 대략 감으로 느꼈던 것과 맞는지 혹은 다른지 정답을 맞히듯이 비교해 보는 정도였다. 장사가 잘되는 것 같았는데 생각보다 매출이 적게 나올 때도 있었고, 손님은 별로 없었던 것 같은데 예상보다 매출이 잘 나올 때도 있었다. 문제는 매출만 확인하고 끝냈다는 점이었다. 매출이 잘 나오면 잘 나온 대로 안 나오면 안 나온 대로 이런저런 아이디어들을 떠올리기도 했다. 하지만 또다시 숨가쁘게 돌아가는 일에 치이다 보면 모든 걸 잊어버리기도 했다. 매출이 얼마나 잘 나온 건지, 매출이 잘 나온 만큼 수익이 나는 건지 생각해 볼 겨를도 없었다. 그렇게 하루하루를 살나 보면 월말은 다시금 돌아오곤 했다. 한 달 한 달 매출을 확인하며,

일희일비하며 버텨온 날들이었다.

사실 한 달 매출을 확인하고도 잘 나온 건지, 뭐라도 해야 할 정도로 심각한 건지, 평범한 수준인지 알 수 없었다. 눈앞의 숫자를 보고도 알 수 있는 것은 아무것도 없었다. 매출의 증감 혹은 수익이 나는 장사인지, 돈을 벌고도 손해를 보는 장사인지 판단할 수 없었다. 가게의 매출을 제대로 이해하기 위해서는 다른 숫자들과 연결하고 비교할 수 있어야 했다. 간단하게는 이번 달 매출은 전월 대비 얼마나 올랐는지 내렸는지, 전년 동월 대비 올랐는지 내렸는지, 우리 가게 월평균과는 어느 정도 차이가 나는지 등을 확인해 볼 수 있어야 했다. 또 비용은 어느 정도 들었는지, 그래서 수익은 얼마나 남았는지를 계산해 보아야 비로소 그달의 매출이 적절했는지, 어디를 더 채워야 하는지 판단할 수 있었다.

하지만 가게를 시작하고 나서도 월별 매출을 쭉 모아 계산해 본 적이 단 한 번도 없었다. 간단한 작업 같지만, 그때그때 상황에 치이다 보면 쉽지 않은 일이었다. 문득 마음먹고 월간 매출을 어딘가에 기록하고 모아볼 필요가 있다는 생각이 들었다. 포스에서 출력한 숫자는 그 자체로 그저 매출을 보여줄 뿐 아무런 의미가 없었다. 하지만 파일 하나 혹은 종이 한 장에 지난 매출들을 연이어 기록해 보니, 숫자들이 연결되어 새로운 의미를 만들어내기 시작했다. 훤히 알고 있다고 생각했던 매출이 조금 다르게 보였다. 내가 이후 진행한 '포스 데이터 경영' 수업에 참여했던 어떤 사장님은 매출을 모아서 보는 것만으로도 자신이 무엇을 잘못하고 있었는지

또렷하게 보인다고 했다. 아무것도 아닌 것 같지만 매우 기초적이고도 중요한 작업이었다.

매출의 황금비율을 찾다

마라톤에서 경영을 배우다

한동안 마라톤을 한 적이 있었다. 초보자의 경우 마라톤 완주에 걸리는 시간은 대략 5시간 정도이지만, 나는 4시간이면 마라톤 완주를 할 수 있었다. 마라톤 경기 시작 후 처음 1시간은 내 몸과 내 자신이 만나는 순간이다. 2시간쯤 지나면 피치를 올리게 된다. 3시간째 접어들면 몸은 지치고 속도는 줄어든다. 마치 아주 느린 동영상으로 세상을 바라보는 것과 같다. 그즈음이면 온갖 생각이 떠오르게 된다. 자신에게 집중하는 시간이고 오롯이 자신과 만나는 시간이다. 내게 마실의 경영이란 마라톤과 비슷한 것이었다. 오랫동안 성공과 실패를 반복했다. 마실 경영은 마치 마라톤에서 3시간을 넘어 달리는 시점과 비슷했다. 슬로우 모션으로 움직이는 세상을 바라보는 것과 같았다. 외식경영을 시작한 사람으로서의 나를 온전히 만나는 시간이기도 했다. 나는 마치 셜록 홈즈처럼 손님이 다녀간 흔적을 다시금 정리하기 시작했다. 그제야 식당 경영이 눈에 들어오기 시작했다. 숫자로 손님을 만났다. 손님의 기호와 성향, 식당의 원가를 다시 계산하기 시작했다. 식단을 재구성했다. 마실에 가장 적합한 조합을 고민하기 시작했다. 원가를 낮추고 매출을 올리는 방법, 직원들도 나도 만족하는 황금의 배율을 찾기 시작했다.

▲ 춘천 미라톤에 참가했을 때의 모습

매출 목표는 나에게 희망과 답답함을 동시에 안겨주었다. 어느 날은 '이까짓 것 얼마든지 할 수 있겠는데…' 라면서 만만하게 보다가도, 또 어떤 날은 도저히 넘을 수 없을 것 같은 태산처럼 보일 때도 있었다. '정말 목표를 달성할 수 있을까?' 기대와 의심이 밀물과 썰물처럼 오르내렸다. 목표가 너무 크고 높았기 때문이었다. 포스기의 데이터를 기반으로 한 숫자 경영을 시작했다. 그제야 매출 목표에 대한 감이 잡히기 시작했다. 정확히 어디서 얼마 만큼 올려야 할지가 눈에 그려졌다. 예를 들어 한 달에 매출 1,000만 원 증가 계획을 세웠다고 가정해 보자. 1,000만 원 매출 증가 목표를 세분화해서 점심 매출 700만 원, 저녁 매출 300만 원 증가라고 계획을 세우는 것이다. 점심 매출을 하루에 20만 원 내외로 늘리는 것은 한번 해 볼 만하다는 생각이 들었다.

목표를 높게 잡은 것이 잘못은 아니다. 목표를 달성하는 과정이 잘못되어 있는 것이 문제다. 작게 쪼개어 실현 가능한 목표가 되어야 하는데 쪼개지 않으니 목표가 너무 크게 보이는 것이다. 그렇게 쪼개 놓으니 시도해 볼 만한 방법들이 많이 보였다. 현재 5,000만 원인 매출을 1억으로 올리겠다고 막연하게 목표를 잡으면 감이 없어지게 마련이다. 너무 큰 목표를 세우면 어디서부터 시작해야 할지 막막해질 수도 있다. 그러면 중도 포기를 하거나 아예 시작도 못 해보고 다시 되는대로 운영하기를 반복할 수 있다. 하지만 포스기의 매출 연구를 기반으로 한 경영을 시작한 후로는 점심 메뉴와 저녁 메뉴 둘 중 어느 쪽이 더 올리기 쉬운지를 고민할 수

박노진의 식당 공부

있었다. 반대쪽은 왜 안 되는지를 나눠서 파고 들어갈 수 있었다.

3 : 3 : 4, 매출의 황금비율

목표 매출을 각각으로 나눠서 보니 그렇게까지 어렵지 않았다. 매출 계획을 세우고 나니 최대한 쪼개어 어디서 어떤 숫자를 끌어올릴지 계획해야 했다. 매출을 쪼개는 방법은 여러 가지가 있었다. 시간대별, 요일별, 홀과 배달, 점심과 저녁, 술 메뉴와 식사 메뉴 등으로 말이다. 자신의 가게에 맞는 매출 구분을 확인하면 된다. 모두 포스에 기록되어 있으니 차분히 앉아 기록하고 들여다보기만 하면 됐다. 정리만 해도 돈이 보이는데 마다할 이유가 없었다.

▼ 영업시간대별 매출비율 분석(%)

	평일 점심	평일 저녁	평일 합계	주말
2016. 01	26.4	23.7	50.2	49.8
2016. 02	33.7	30.3	64	36
2016. 03	28.1	27.8	55.9	44.1
2016. 04	26.6	22.6	49.3	50.7
2016. 05	21.1	20.5	41.6	58.4
2016. 06	27.4	25	52.4	47.6
2016. 07	26.4	23.7	50.1	49.9
2016. 08	27.6	26.2	53.8	46.2

2016. 09	24.7	25.5	50.3	49.7
2016. 10	22.9	19.8	42.7	57.3
2016. 11	27.1	25.6	52.7	47.3
2016. 12	26.4	27.2	53.6	46.4
2017. 01	28.1	22.2	50.2	49.8
2017. 02	28.8	25.6	54.4	45.6

　마실의 경우, 15시부터 17시까지는 휴식 시간이다. 그 시간을 기준으로 평일 점심영업과 저녁영업으로 나누었다. 그리고 주말 매출은 하루 전체 매출을 잡았다. 마실은 평일 점심과 저녁, 주말 메뉴가 아예 달랐기 때문이다. 점심특선 메뉴는 평일 점심에만 팔았다. 마실은 시간대별로 매출의 비율이 정확한 편이다. '평일 점심 : 평일 저녁 : 주말 = 3 : 3 : 4' 매출이 적거나 많거나 상관없이 이상하리만치 이 비율은 일정하게 유지되었다. 마실만의 이상적인 매출 구조를 비로소 찾은 셈이었다. 점심 매출이 부족하면 점심 고객을 분석했다. 그들이 선호하고 만족하는 메뉴를 고민했다. 반경 몇 킬로미터 이내의 고객이 마실을 찾을 수 있을지를 연구했다. 1인당 쓰는 비용은 얼마인지, 가격 저항선이 얼마인지를 분석했다. 점심 고객은 주부들과 직장인들이 주를 이루고 있었다. 그중에서도 직장인은 접대 등의 이유로 고객 단가를 높일 수 있었다. 어차피 법인카드를 사용하는 이유에서다. 5,000원 정도의 상승은 손님과 자신의 면을 세우기 위해서라도 적당한 타협이 가능한 금액이었다.

이후 이 비율은 화요일 휴무를 시작하고 나서는 2.5 : 2.5 : 5로 조정이 됐다. 하루 휴무로 인해 평일 매출이 줄어든 것이다. 이벤트를 할 경우 균형이 깨지기도 했지만, 이벤트로 인한 일시적인 현상이었기에 다음 달에는 바로 안정적인 비율로 다시 돌아서곤 했다. 나는 이 비율을 유지하면서 매출을 안정적으로 올릴 방법을 계속해서 고민했다.

(단위:%)

	점심 매출	저녁 매출	주말, 공휴일 매출
2011. 09	33	35.6	31.3
2011. 11	33.5	28.8	37.6
2012. 01	31.7	31.9	36.2
2012. 03	27.9	34.7	37.2
2012. 05	29.8	31.5	38.5
2012. 07	30.7	31.4	37.8
2012. 09	29.8	28.9	41.2
평균	30.9	31.8	37.1
매출분포비율	30%	30%	40%

매출 한계선을 넘어서

많은 식당 사장님이 대박을 꿈꾼다. 어느 날 인기 방송에 출연해서 혹은 신메뉴가 대박을 내서 줄을 세우는 꿈 말이다. 알음알음 소문이 나는 것도 좋지만, 많은 사람이 끊임없이 찾아오고, 맛있다고 손뼉 치고, 또 다른 손님들을 몰고 오기를 기다린다. 반대로 한순간에 모든 것이 사라지는 것에 대한 두려움도 함께 존재한다. 천천히 손님들의 발길이 끊기고 매출이 눈에 띄게 줄지만, 어떻게 손써 볼 방법 없이 서서히 가라앉는 것에 대한 공포도 마음 한편에 있는 것이다.

아마도 가장 이상적인 식당은 평균이 있는 가게이다. 대박까지는 아니어도 꾸준히 상승세를 타고, 안 될 때도 어느 정도 매출을 유지해 준다면 더는 바랄 것이 없다. 평균이 있는 가게는 예측할 수 있기에 유리한 점이 많다. 식자재의 낭비를 줄일 수 있고, 인건비도 효율적으로 운영할 수 있다. 평균이 있는 가게가 왜 중요한지 더는 설명하지 않아도 알 수 있다. 하지만 이 평균을 올리는 일은 생각보다 어려웠다. 안정적으로 월 매출을

▲ 전수가맹점인 순천 참조은시골집 전경

1,000만 원을 올리려면 하루 매출 30~40만원이 올라야 하는데 쉽지 않은 일이다. 그렇게 하려면 매출을 끌어올리면서 일정한 매출을 유지하도록 하는 방법을 사용하면 평균이 있는 식당으로 만들 수도 있겠다는 아이디어도 나왔다.

2006년 12월, 마실의 월 매출은 9,600만 원이었다. 곧 1억 고지를 넘어설 수 있을 것 같았다. 손님은 계속 늘었고 완전한 상승세를 탔다고 생각했다. 그런데 마실이 처음으로 1억 매출을 달성한 것은 그로부터 1년이 지난 2007년 12월이었다. 1년 동안 월 마감을 할 때마다 숨이 턱까지 차는 느낌이었다. 1억을 넘길 듯 말듯 8천만 원에서 9천만 원 사이를 오고 갔다. 하지만 결국 1억 원을 넘기지 못했다. 나중에는 약이 오르기까지 했다. 그런데 신기하게도 2007년 12월에 처음 1억을 넘긴 이후, 2008년에는 무려 9번이나 1억을 넘겼다. 절대 넘을 수 없을 것 같았던 고지도 한번 넘고 나니 쉽게 넘을 수 있었다. 이게 무슨 효과인지는 설명하기 어렵다. 분명한 것은 실제로 그런 일이 마실에서 일어났다는 것이다.

마실의 여러 가맹점에서도 비슷한 현상이 보였다. 정말 외진 곳에 있지만, 입소문으로 유명한 마실 가맹점이 있었다. 월 매출 1억을 몇 번 넘어봤고, 주말 평균 500만 원에서 600만 원 정도 매출이 꾸준히 나오고 있었다. 주말에 정말 많이 팔릴 때는 하루 700만 원에서 800만 원 정도를 팔기도 했다. 그런데 그 가맹점이 어느 날, 하루 1,000만 원을 팔아 보자는 계획을 세웠다. 길전의 그 날이 왔다. 모든 직원이 만반의 준비를 하고 손님을 맞았다. 식당은 마치 전쟁통 같았다. 500만 원에서 600만 원을 팔던 식당에서 처음 맞는 1,000만 원 매출이었으니 얼마나 난리를 치렀을지 상상이 갈 것이다. 하지만 1,000만 원을 한번 팔아 보면 다음에 일 1,000만 원 매출이 어렵지만도 않았다. 이곳은 주말 매출이 전체 매출의 50%를 차지하는 곳이다. 주말 매출이 하루 800만 원에서 900만 원으로 안정적으로 올라서니 월 매출이 평균 3,000만 원에서 4,000만 원 정도 상승했다. 최고 매출이 올라가고 나니 최저 매출도 일정한 간격을 두고 함께 올라갔다. 이렇게 되니까 평균 매출이 일정한 범위 내에서 안정적으로 자리 잡기 시작했다.

박노진의 식당 공부

03

모든 매출에는 이유가 있다

매출을 올리는 두 가지 방법

매출은 고객들이 와서 음식을 먹고 지급하는 금액의 합을 말한다. 즉, 음식점이 손님을 대상으로 음식과 서비스를 제공하여 대가로 받는 총 금액을 말한다. 얼마나 많은 고객이 와서 어떤 가격대의 음식을 먹느냐가 매출을 결정한다. 식당은 많은 고객이 오게 만들어야 한다. 맛있게 먹고 싶은 음식을 제공하는 것이 매출 증가의 관건이다.

[매출 = 고객 수 × 고객 단가]

이때 매출은 고객 수와 고객 단가를 곱한 숫자이다. 이걸 대체할 수 있는 다른 공식은 없다. 그러니 매출을 올리는 방법도 두 가지뿐이다. 고객 수를 올리거나 고객 단가를 올리는 것이다. 이벤트를 하더라도 고객들을 더 끌어모으기 위한 것인지, 단가를 올리기 위한 것인지에 따라 그 전략 방향과 실행 내용이 달라진다. 나는 고객 수를 늘리기 위해 아침 일찍부터 오픈하거나 쿠폰을 제공해 일시적인 할인 이벤트를 진행하기도 했다. 고객 단가를 올리는 전략으로 세트 메뉴나 사이드 메뉴를 개발해서 고객들이 조금 더 많이 주문하거나 유인 메뉴를 통해 고객을 끌어들이고 메인 메뉴의 가격을 높이는 등 다양한 상품 구성을 하기도 했다.

어떤 사장님들은 매출 증가를 위해 손님이 많이 오기만 하면 된다고 생각하거나 높은 고객 단가를 유지하면 된다고 단순하게 생각한다. 그러나 항상 줄을 서는 대박 식당은 극소수일 뿐이다. 매번 고가의 메뉴만을 팔 수 있는 식당도 찾아보기 힘들다. 일반적인 식당의 경우 고객 수를 무한정 늘리는 것도, 고객 단가를 무한정 올리는 것도 불가능한 일이다. 이 둘을 적절히 조합해서 매출전략을 세워야 한다. 마실 역시 고객 수와 고객 단가를 조합하는 전략으로 매출을 증가시키는 것이 필요했다. 물론, 음식점의 핵심인 음식의 맛은 반드시 유지해야 했다. 아울러 목표 고객들을 끌어들일 수 있는 유인 메뉴와 그들을 사로잡을 대표 메뉴가 준비되어 있어야 했다.

고객 수는 포스에서 확인할 수 있다. 대부분 방문 고객 수를 환산하지만, 업종에 따라 테이블 주문 수를 고객 수로 환산하기도 한다. 한정식의 경우 1인분씩 판매하기 때문에 주문 수와 고객 수가 일치한다. 예를 들어 3살 난 아이가 함께 왔지만, 아이의 식사를 주문하지 않았다면 마실의 경우 이 아이는 고객 수에 포함하지 않는다. 실제 식사 주문 수량만큼만 고객 수로 계산한다. 치킨이나 족발처럼 1인분씩 판매되지 않는 상품의 경우 테이블 수를 고객 수로 세는 것이 더욱 편리하다. 4명의 고객이 후라이드치킨 1개를 주문해서 먹은 후, 양념치킨 1개를 추가로 주문했다면 고객수는 4가 아닌 2로 계산해야 한다.

삼겹살 전문점 같은 고깃집은 4명이 와서 3인분을 먹을 수 있고 5인분을 먹을 수도 있기에 방문 고객 수를 정확히 기록하기 어렵다. 고객 수는 어떤 것을 기준으로 하는 것이 편리한지 확인하고 결정하면 된다. 한정식과 같은 경우는 1인당 고객 수를 찾기 쉽지만 그렇지 못한 곳은 테이블당으로 분류해서 고객 수를 대신 정리하기도 한다. 이렇게 고객 수가 나오면 고객 단가는 자연스럽게 계산할 수 있다. 고객 단가는 매출액에서 고객 수를 나눈 금액이다.

[고객 단가 = 매출 / 고객 수]

다만, 음식을 1인분이 아닌 테이블 단위로 판매하는 고깃집, 횟집, 치킨

집 같은 경우는 고객 수 대신 주문 테이블 단위로 계산하기도 한다. 고객 수를 테이블 단위로 생각해서 계산했다면 고객 단가 역시 고객 1명당 매출이 아니라 테이블당 매출로 계산해야 한다.

매출의 정체기를 넘어서는 법

가게의 매출을 월별로 정리해 보면 매출이 특별히 높거나 낮을 때가 있다. 그 어떤 식당도 1년 이상 똑같은 매출을 유지하면서 갈 수는 없다. 계절적인 영향으로 출렁거리기도 하고 의도하지 않은 외부 사건이 일어나 매출이 꺾이기도 한다. 마실의 경우 세월호 참사와 메르스 사태를 겪으면서 심각한 매출 부진을 경험했다. 출렁이던 매출이 일정 기간 꾸준해진다면 안정화가 된 것으로 보았다. 평균점을 잡고 최고점과 최저점의 차이가 크지 않은 범위에서 매출이 어느 정도 예상 가능한 범위를 기록했다. 특별한 일이 없으면 매출이 떨어지지도 않지만, 그렇다고 올라가지도 않았다.

하지만 일정 기간 매출의 움직임이 없다면 가게가 정체기에 들어선 것으로 보아야 한다. 성장을 위한 도약이 필요한 시기인 것이다. 이럴 때는 판을 깨야 한다. 새로운 메뉴를 개발해 고객 단가를 올리든, 신규 고객의 유입을 통해 고객 수를 올려야 했다. 마실은 기존 고객들을 대상으로 이벤트를 해서 고객만족도를 올렸다. 의도적인 매출의 움직임을 만들어내지 않는다면 내부적인 조건의 변화나 외부의 환경이 변화함에 따라 매출은 자연스럽게 감소하기 마련이었다. 마구잡이식의 아이디어를 실행하는 것이 아니라, 어느 지점의 어떤 숫자를 깨야 하는지 찾아가는 모험을 떠나야 했다. 매출을 개선하고 싶으면 깨야 했다. 고착된 식당 운영에 파열음을 내야 했다. 그렇지 않으면 문제를 찾아내지 못한다고 생각했다. 평균 3년을 주기로 매출 변곡점을 만들어내려는 의도적인 노력이 필요한 때가 돌아왔다.

모든 매출의 움직임에는 다 이유가 있다. 나는 매출이 오르내리는 지점에 우리 가게에 어떤 일이 있었는지 살펴보았다. 단순히 매출이 오르다 떨어지다가 아니라 정확한 원인을 알아야 했다. 매출이 떨어지는데도 왜 떨어지는지 모르면 끌어올릴 방법이 없다. 심지어 매출이 오르는데도 왜 오르는지 모른다면, 언제 찾아올지 모르는 이유 없는 추락을 끊임없이 두려워해야 한다. 시행착오 없이 앞으로 나아갈 수는 없다. 그 시행착오에서 무엇을 얻고 무엇을 잃었는지 알 수만 있다면 모든 것이 소중한 경험이요 자산이 된다. 그것을 위해 필요한 것이 포스 데이터 경영이었다. 꼼꼼히 매출 기록을 정리하다 보니 내가 어디서 무엇을 어떻게 해야 하는지가 비로소 선명하게 보이기 시작한 것이다.

마실은 12년 동안 4번 정도 매출 정체기를 겪었다. 평균 3년을 주기로 매출이 오르다가 이후에는 유지되는 패턴을 보이곤 했다. 신메뉴 출시나 이벤트 등으로 인해 2~3개월 동안은 30~40% 정도의 상승 곡선을 그리다가, 이후 약 3년 동안 정체기를 겪곤 했다. 올라가는 시기가 있으면 반드시 일정한 패턴을 유지하는 기간이 있었다. 매출은 생각처럼 훅훅 올라가지 않았다. 지루한 싸움을 계속하면서 끌어가야 했다. 갑자기 올라간 매출은 갑자기 떨어졌다. 그래서 더욱 경계해야만 했다. 그렇게 정체기를 현명하게 통과해야 다음 상승단계로 올라설 수 있었다.

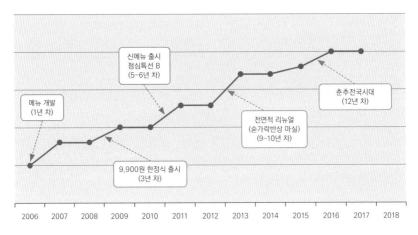

▲ 4차례 변곡점(매출 증가 포인트)

생존을 위한 고객 수 증가 전략

사실, 처음에는 이런 고민이나 계획이 필요 없었다. 마실을 시작할 때만 해도 식당에는 손님보다 직원이 더 많았다. 손님이 없으니 사장도 직원도 TV만 보고 있었다. 점심시간이 되어도 손님이 오지 않는 상황이 답답해서 무작정 식당을 나온 어느 날이었다. 그때 우연히 발길이 닿았던 곳이 바로 한식 뷔페였다. 그런데 이게 웬일인가? 우리 가게에선 아무리 기다려도 보이지 않던 손님들이 그곳에는 바글바글했다. 이 사람들이 왜 우리 식당에는 오지 않고 이 식당에는 와서 먹는 걸까? 그렇게 나는 고민하기 시작했다.

▲ 예약은 고객 수 증가에 좋은 방법이 될 수 있다

9,900원 특선을 만드는 것도 좋은 방법이었다. 늘 적용할 수 있는 고객수 증가 전략도 함께 고민하기 시작했다. 고객 수를 늘리고 회전율을 높이기 위해 예약을 최대한 많이 받았다. 예약은 방문 고객 수를 예상할 수있고, 사전 재료 준비도 어느 정도 할 수 있어 효과적이었다. 마실의 경우, 보통 점심시간에는 2.5회전에서 3회전, 저녁에는 1회전 이상을 유지했다. 주말에는 3회전에서 4회전까지 가능했다. 시간대별로 어느 정도 손님이 오는지 머릿속에 들어오기 시작했다. 손님이 어느 정도 올지 예측이되니, 그 뒤의 상황도 함께 예상해볼 수 있었다.

시간대	회전율
점심	2.5 ~ 3회전
저녁	1회전 이상
주말	3 ~ 4회전

12시 예약 자리에 조금 일찍 온 손님이 있으면 예약 손님이 오기 전까지 먹게끔 권유했다. 이런 방법으로 최소 2회전 이상, 점심시간에는 3회전까지 만들어 낼 수 있었다. 본격적인 저녁 영업시간 이전인 오후 5시에서 6시 정도에 손님을 유치할 수 있는 방법을 강구했다. 예를 들어 조조할인 이벤트처럼 5시 이전에 방문하는 저녁 손님에게 할인이나 덤을 주거나 인근 학교에 있는 선생님 모임을 유치하는 것도 효과적인 방법이었다.

일찍 와서 빨리 드시고 본격적인 저녁 영업시간 전에 가시기 때문에 식당 입장에서는 최고의 손님이었다.

주말이나 공휴일은 평일과 조금 다른 전략을 세웠다. 평일은 점심 저녁 구분이 비교적 분명하지만, 주말은 가족 고객이 대다수를 차지하는 것에 초점을 맞추었다. 요즘은 식사 시간대의 구분이 모호해지는 경향이 심해지고 있다는 것도 참고해야 했다. 아침과 점심을 먹는 아점, 점심과 저녁을 한꺼번에 해결하는 점저, 늦은 저녁과 술자리를 한꺼번에 하는 야술 등 이름도 다양한 형태로 손님들이 찾았다. 주말 회전율은 이러한 손님들의 특징에 맞게 최소한 4번 이상의 회전율이 생기게 했고, 그중 2회전 정도는 예약으로 받는 등의 시간대별, 요일별의 특성에 맞는 전략을 세웠다. 휴게 공간이 없었던 우리는 후식 커피보다는 음료를 주는 것이 회전율을 높이는 데 도움이 되었다. 식사를 마치고 일어서려던 고객도 후식으로 커피가 나오면 다시 자리를 잡고 앉아 30분을 더 머물렀기 때문이다.

실습 문제 1

포스 매출 확인하기

　포스 데이터를 참고해 최근 3년 동안의 매출을 정리해 보자. 매출을 분석할 때는 최근 3년 정도까지 분석해 보면 좋다. 포스 기계를 바꾸지 않았다면 가게를 시작한 때부터 지금까지의 매출을 모두 확인할 수 있다. 월별 매출을 뽑아서 1년 치씩 스테이플러나 집게로 묶어 두면 필요할 때 꺼내 볼 수 있다. 포스에서 1일부터 말일까지 기간을 설정하고 각각의 매출을 확인하면 된다. 가게를 시작한 지 얼마 안 됐거나 포스 기계 변경 등의 이유로 과거 데이터를 확인할 수 없다면 확인 가능한 범위 내에서 자료를 준비해도 좋다. 포스에서 확인 가능한 매출은 일별 매출, 메뉴별 매출, 시간대별 매출, 결제수단별 매출 등이 있다.

매출 기록하기

포스에서 출력한 숫자들을 기초 데이터 자료로 정리해 보자. 앞에서 뽑아 놓은 포스 자료의 숫자들을 한꺼번에 볼 수 있도록 정리해 놓으면 된다.

	2017년	2018년	2019년	2020년	2021년	2022년
1월						
2월						
3월						
4월						
5월						
6월						
7월						
8월						
9월						
10월						
11월						
12월						

매출을 볼 때는 크게 두 가지로 보면 좋다. 첫 번째는 월별 매출을 일렬로 나열하고 전체적인 매출의 흐름을 보는 것이다. 그래프가 상향곡선을 그리고 있다면 우리 가게가 성장하고 있다는 것을 확인할 수 있다. 반대로 하향곡선을 그리고 있다면 매출 반등을 위해 노력해야 한다.

그렇다면 여러분이 운영하는 가게 매출 성장 곡선을 [자료 1. 가게 매출 성장 곡선](53쪽)에 정리해 보자.

두 번째는 월별로 비교할 수 있는 자료다. 이번 달에는 지난달보다 장사가 안되는 것 같아 답답할 때가 있다. 매출 데이터를 확인해 보면 지난 달보다는 매출이 떨어진 게 맞지만, 작년 같은 달 대비로는 매출이 오르는 예도 있다. 이럴 때는 단순히 지난달과 이번 달을 비교하기보다는 전년도 매출과 비교하는 것이 더 의미 있다. 연도별로 색을 달리해서 그래프를 그려보자. 월별 매출을 3년 정도 정리해 보면 우리 가게의 성수기와 비수기를 한눈에 볼 수 있다. 마실 매출 그래프를 보면 12월이 확실한 성수기임을 알 수 있다.

마실 매출 그래프를 참고하여 여러분이 운영하는 가게의 월별 매출 그래프를 [자료 2. 월별 매출 그래프](55쪽)에 그려보자.

박노진의 식당 공부

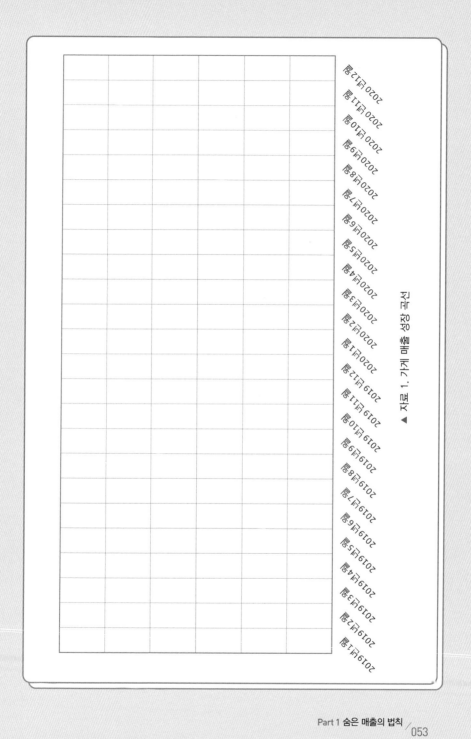

▲ 자료 1. 가게 매출 성장 곡선

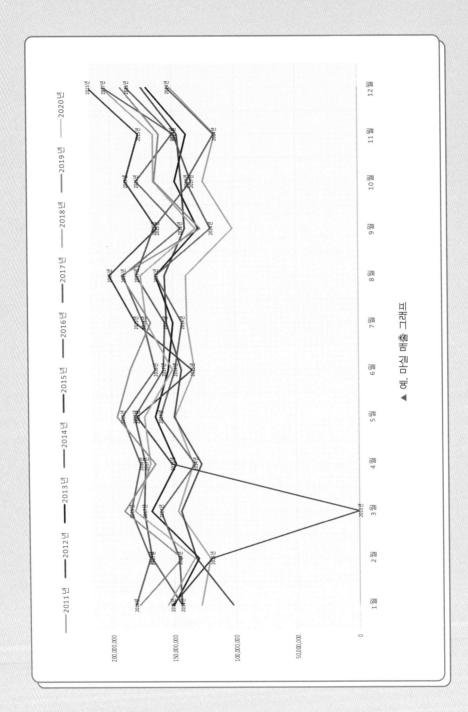

▲ 예. 마실 매출 그래프

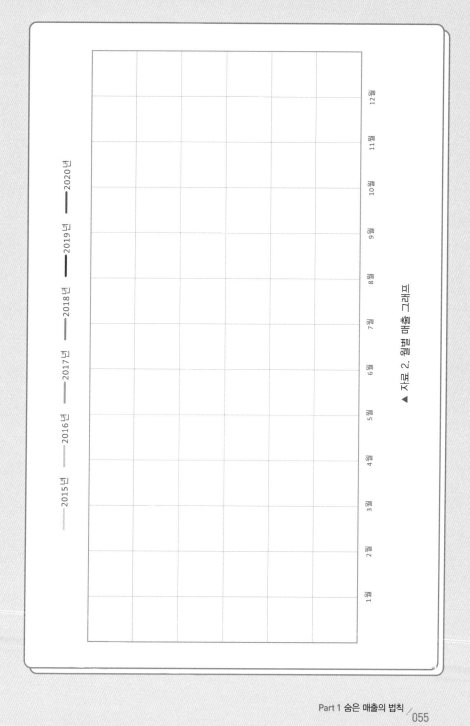

▲ 자료 2. 월별 매출 그래프

대산보리밥

 식당은 누가 봐도 외진 교외의 공터 위에 세워진 듯했다. 청주시 외곽의 공장들이 즐비한 어느 샛길을 돌아 언덕을 올라갔다. 언덕길 위를 오르자 비로소 군데군데 세워진 차들이 보이기 시작했다. 평일 오후, 그것도 도보로는 접근이 힘들 것 같은 식당은 특별한 것마저 없어 보였다. 상호는 '대산보리밥', 로고 위에 선명한 카피가 한눈에 들어온다. '청주에서 엄마가 제일 행복한' 무슨 뜻일까? 청주에 있는 엄마들을 위한 밥집이란 뜻일까?

 식당에 들어서자 반전 있는 규모에 흠칫 놀랐다. 청주 사람들 모두가 점심을 여기서 먹고 가는 것 같았다. 내부는 왁자지껄하면서도 청결하고, 고즈넉하면서도 밝고 넓었다. 조그만 보리밥집의 시골스러움을 찾아볼 길이 없었다. 이러한 것들은 이 식당이 이른바 잘나가는 비결 가운데 한 부분일 뿐이었다.

 식당 입구엔 사장님의 실패 스토리가 빼곡히 적혀 있었다. 양식조리학과를 나온 그가 말아먹은, 즉 실패한 식당만도 여러 개였다. 레스토랑, 파스타집, 김밥집, 한때는 순댓국집을 하기 위해 친척 식당에서 실습한 적도 있었다고 했다. 밤 10시에 잠자리에 들면 새벽 1시에 불을 지펴야 했고, 다시 1시간 뒤에 일어나 돼지머리를 뒤집어야 했다. 이러한 실패 스토리를 거쳐 결국 정착한 메뉴는 다름 아닌 보리밥이었다. 그러나 그는 정말 보리밥집은 하기 싫었다고 한다. 누구나 할 수 있는 쉬운 메뉴로 보였기 때문이었다. 하지만 세상에 쉬운 일은 없었다. 보리밥집이 자리를 잡으려 하니 재개발 사업 때문에 식당을 옮겨야만 했다. 이제 마흔을 조금 넘긴 나이, 스물넷부터 시작한 식당은 결국 월 매출 1억을 훌쩍 넘기는 탄탄한 식당으로 자리를 잡았다.

식사를 위해 먼저 대기실로 갔다. 제일 먼저 들려오는 소리가 있었는데, 뻥튀기 기계에서 나오는 경쾌한 파괴음이었다. 시장에서나 볼 수 있는 기계가 쉴 새 없이 뻥튀기를 튕겨내고 있었다. 보리로 만든 간식거리들이 산더미처럼 쌓여 있었다. 미숫가루로 만든 슬러시가 무료로 제공되고 있었다. 대기자의 손도 입도 쉴 틈이 없게 만들었다. 대기자들의 공간은 생색내기용의 그저 그런 곳이 아니었다. 40인치 정도의 TV 한 대가 기다림이 무료한 손님들의 눈을 즐겁게 하고 있었다. 외진 공터에 세워진 식당의 장점이 유감없이 발휘되고 있었다. 여유로운 공간에 마음마저 너그러워진 것 같다. 입구에는 대산보리밥의 공식적인 휴무일이 빼곡히 기록되어 있었다. 이 식당의 종업원들은 일주일에 하루하고도 반나절, 즉 수요일 오후부터 목요일까지 1.5일을 온전히 쉰다. 직원들을 위한 사장의 배려다. 하루 매출을 생각하면 상상할 수 없는 일이다. 그런데도 이 식당은 성장을 거듭하고 있다. 신기한 일이다. 그 비결이 무엇인지 다시 한번 궁금해졌다.

테이블로 안내를 받았다. 소쿠리에 담긴 고추와 상추, 양념장이 시선을 사로잡는다. 그릇은 어디서나 흔히 볼 수 있는 멜라민 그릇이 아니다. 청국장은 직접 띄운다고 했다. 밥알은 질척이지 않고 고슬고슬함이 살아 있었다. 간판에 쓰여 있는 '청주에서 엄마들이 제일 행복한 이유'가 무엇인지를 물었다. 이곳 식당은 임산부가 찾아오면 고등어 한 마리가 서비스로 나온다고 했다. 수험생 엄마들에게도 이 서비스가 제공되었다. 나이를 막론하고 청주의 엄마들은 이곳을 사랑할 것 같았다. 적어도 이 식당에서만큼은 한 끼 식사의 주인공이 될 수 있을 테니 말이다.

물론 이 식당에도 위기는 있었다. 특히 연말이면 더 어려웠다. 그러나 지금 이 식당은 매일매일의 매출을 꼼꼼히 기록한다. 내가 만든 식당 데이터 경영 강의를 여러 번 반복해서 듣고 간 후의 일이다. 수년간의 매출 데이터가 고스란히 쌓였고, 그 결과 해마다 11월이 되면 매출의 보릿고개가 다가오는 이유를 알 수 있었다. 김장 때문일 수도, 수능 때문일 수도 있었다. 하지만 이제 그 식당의 주인은 날씨나 경기를 핑계 대지 않는다. 단골과 신규 손님으로 구분해보니 11월은 신규 손님이 확연히 줄어든다는 사실을 확인했기 때문이다. 막 추위가 시작되는 11월, 사람들은 굳이 차를 타고 가서 보리밥을 먹지 않는다. 대신 인근에 있는 단골들이 움직인다. 그는 손님이 많은 여름부터 일찌감치 단골들을 관리하기 시작했다. 손님이 많다고 식당 문을 일찍 닫지도 않았다. 그 결과는 고스란히 매출로 돌아왔다. 올해 11월의 매출은 전년 대비 50%나 성장했다.

같은 메뉴를 팔면서도 어떤 식당은 파리를 날리고, 어떤 식당은 돈을

▲ '청주에서 엄마가 제일 행복한 대산보리밥'과 이문규 대표

벌어 건물을 올리는 걸까? 그저 열심히만 일하면 식당은 잘 될 수 있을까? 식당을 잘 운영하는 비결은 일 잘하는 사람과 어떤 상관관계가 있을까? 대산보리밥은 청주에서 브랜드가 되었다. 한 끼 가벼운 식사를 위해 그가 들이는 보이지 않는 노력은 기대 그 이상이었다. 처음에는 보리밥이라는 메뉴를 탐탁지 않아 했다. 하지만 그가 잘하는 파스타 전문점은 한 달 만에 문을 닫았다. 어쩌면 식당에 중요한 것은 입지나 메뉴가 아닐지도 모른다. 지금도 그의 음식에 대한 집착은 보통 사람의 상상을 초월한다. 그의 입맛에 맞지 않는 음식은 식단에 오르지 못한다. 그는 오늘도 매일매일의 매출을 기록하며 성장의 가능성을 가늠한다. 수년간의 데이터를 살피며 메뉴를 바꾸고 손님을 연구한다. 들고 나는 손님들의 얼굴과 생기 넘치는 표정을 보니 만감이 교차한다. 어쩌면 이제는 내가 배울 차례일지도 모른다.

PART 2

최적의
고객 단가

애슐리와 9,900원 한정식

왜 한정식집에는 9,900원 메뉴가 없을까?

2008년, MB 정부가 출범했다. 원자재 가격이 폭등하기 시작했다. 김밥 한 줄 가격이 1,000원에서 1,500원으로 올랐다. 짜장면 한 그릇 값이 4,000원에서 5,000원으로 뛰었다. 그즈음이었다. 어느 외식 프랜차이즈 가게를 찾아간 나는 놀라움을 금치 못했다. 젊은 손님들이 인산인해를 이루고 있었다. 9,900원이라는 가격이 핵심이었다. 만원인 듯 만원 아닌 만원 비슷한 가격이 매력 포인트였다. 그리고 문득 이런 질문이 떠올랐다. '왜 한정식집에는 9,900원짜리 메뉴가 없을까?' 가게로 돌아와 이 얘기를 했더니 모두가 반대했다. 남는 것이 없다는 이유였다. 혹시나 하는 마음으로 시뮬레이션을 해 보았다. 잘하면 버틸 수 있겠다는 계산이 섰다. 9,900원에 맞춘 메뉴를 개발한 후 약 4,000여 명의 고객들에게 문자를 보냈다. 걱정은 기우였다. 쉴 새 없이 손님이 밀어닥치기 시작했다.

40~50만 원에 머물던 점심 매출이 150만 원까지 치솟았다. 만족한 고객은 저녁과 주말 손님으로 이어졌다. 이러한 결정의 핵심적인 성공 요인은 다름 아닌 원가 관리에 있었다. 포스기 데이터에 기반한 원가 산정은 정확한 원가 산정을 가능하게 했다. 구체적인 원가 명세를 확인할 수 있으니 원가 우위의 싸움이 가능해졌다. 야챗값 폭등 등의 갑작스러운 원가 상승에도 곧바로 대응할 수 있었다. 사실 전국 70만 개에 이르는 식당 중 마실 만큼 정확하게 원가를 산출할 수 있는 곳이 0.1%도 채 되지 않는다.

▲ 2008년 9,900원 마실 한정식의 음식

원가 싸움이 가능하다는 자신감이 생기기 시작했다. 그리고 이러한 마실만의 원가 대응 능력은 고스란히 차별화된 경쟁력으로 자리잡을 수 있었다. 저녁보다는 점심 장사, 술보다는 밥 장사, 남성보다는 여성 고객을 포인트로 해서 9,900원짜리 점심 한정식 메뉴를 개발했다. 전략은 통했다. 점심시간만 되면 사람들이 구름떼처럼 몰려오기 시작했다. 2009년 5월, 월 매출 1억 3천만 원대를 안정적으로 기록하기 시작했다.

	시점	매출변동내용	향상 / 감소원인
메뉴개발	2006년	월 평균 매출 3,000만원 → 6,000만원	고객 수 증가
9,900원 한정식	2008년	월 평균 매출 1억 원 달성	고객 수 증가
점심특선 B	2012년	가성비 + 스토리	고객 단가 증가
전면적 리뉴얼	2015년	고급화 전략으로 월 평균 매출 2억 원 달성	고객 단가 증가

마실의 매출 증가는 고객 수가 증가한 때문일까? 아니면 고객 단가가 상승한 덕분일까? 매출 증가의 포인트가 고객 수 때문인지 고객 단가를 올린 이유 때문인지 정확한 확인이 필요했다. 초기의 신메뉴 개발과

9,900원짜리 한정식 메뉴 개발은 고객 수의 증가를 목표로 한 전략이었다. 안타깝게도 그 당시에는 매출과 비용만 정리하고 고객 수 등의 지표에 대해 따로 기록하지 않았지만 고객 수의 증가는 단순한 리뉴얼만으로도 식당 현장에서 보고 바로 느낄 수 있을 정도로 대박이었다. 점심특선 B 메뉴의 개발은 9,900원으로 한정되어 있던 점심 메뉴에 다른 선택의 기회를 주었다. 15,000원짜리 점심특선 B를 개발해 9,900원보다 훨씬 풍성한 상차림으로 구성한 것이다. 9,900원을 선택하던 고객들이 다른 메뉴를 선택하게 함으로써 고객 단가를 올리는 전략이었다. 그리고 그 전략은 그대로 적중해서 전체 매출을 끌어올렸다.

매출을 올리는 기본 공식

매출 공식을 단순하게 바라보았다. 고객 수와 고객 단가 중 어느 것을 먼저 올리기가 쉽고 유리한지 생각했다. 복잡하지 않게 보다 쉬운 방법을 선택했다. 우선 고객 수를 늘리는 방향, 즉 회전율을 높이는 것에 집중했다. 다음은 메뉴 가격 전략을 효율적으로 접목해 고객 단가를 조합하는 방법이었다. 고객 수(회전율 전략)를 중심으로 고객 단가(가격 전략)를 슬쩍 집어넣으면 30% 내외의 매출 증가는 어렵지 않게 이뤄낼 수 있었다.

고객 수는 회전율을 높이는 방향으로 계획했다. 메뉴 리뉴얼을 통해 목표 고객 단가를 정했다. 이 둘 간의 상관관계를 어떻게 효율적인 방식으로 풀어내는가에 따라 매출이 결정되었다. 경기가 어려울수록 이러한 전략적 사고를 통해 원하는 매출과 수익을 달성할 수 있도록 다양한 아이디어를 강구했다. 매출을 올리는 기본 공식은 고객 수를 올리는 것이다. 식당 사장님들은 손님을 끌어모으기 위해 애를 쓴다. 일단 손님들이 와야 다음 고민을 할 수 있기 때문이다. 그래야 더 팔고, 비싼 것을 파는 데 대한 고민이 의미가 있다. 마실 역시 고객 수 증가에 우선 집중한 후 고객 단가 증가를 메뉴 가격 전략으로 조율하기 시작했다.

	2인석	4인석	6인석	8인석	그 외	합계
테이블 수						
총 좌석 수						

먼저 고객 수와 회전율을 높이는 전략에 집중했다. 우리 가게의 테이블이 몇 개인지, 그중에 2인석, 4인석, 6인석 그리고 단체고객용 테이블은 몇 인용 몇 개가 되는지 정확하게 조사하기 시작했다. 각 테이블당 평균

고객 수를 2.5명이라고 가정하고, 우리 가게의 1회전 시 적정 인원수가 몇 명 정도인지도 체크했다. 6인석이나 룸이 많을 때는 3명이나 4명으로 가중치를 두기도 했다. 점심 영업과 저녁 영업 시간대에 최대 몇 명의 손님을 받을 수 있는지, 그리고 그것을 몇 회전 할 수 있는지 계산하고 목표를 잡았다.

마실의 고객 단가 증가 전략

목표 고객 단가를 정한다는 것

혹 가게의 평균 고객 단가를 알고 있는가? 메뉴별 판매가는 이미 정해져 있지만, 이 메뉴들을 전부 판매해 보면 메뉴별로 판매 수량이 다르게 마련이다. 매출 총액을 방문 고객 수 또는 주문 테이블 숫자로 나눈 것이 바로 고객 단가다. 이번 달 고객 수와 고객 단가를 알면 바로 매출을 알 수 있다. 실제로는 포스에 매출과 고객 수만 나타나므로 이 둘을 나눠 고객 단가를 계산할 수 있어야 한다. 매출 증가 전략을 짜기 위해서는 이 고객 수와 고객 단가를 반드시 알아야 한다. 고객 수를 늘릴지 고객 단가를 높일지를 결정하는 것은 그다음 일이다.

매출 증가를 목표로 한다면 메뉴를 구성할 때부터 영업시간대에 맞는 가격 전략과 함께 목표 고객 단가를 정해야 한다. 물론 자신의 가게가 어떤 성격의 업장인지에 따라 다를 것이다. 하지만 다수의 음식점이 점심 영업과 저녁 영업을 한다고 가정하면 어렵지 않게 적절한 매출 증가 전략을 세울 수 있다.

먼저 가장 자신 있는 메뉴를 대표 메뉴로 잡고 수익이 높게 가격을 정한다. 그리고 대표 메뉴를 중심으로 유인 메뉴와 사이드 메뉴를 구성한다. 대표 메뉴를 맛보기로 만들어 부담 없는 가격에 즐길 수 있도록 점심 미끼 상품으로 구성한다. 이를 통해 저녁에 대표 메뉴를 선택하도록 유도하는 것이다. 저녁 영업시간대에는 대표 메뉴와 함께 가성비가 좋은 사이드 요리를 곁들인다. 이를 상품으로 구성해 판매하면 전체적인 고객 단가를 높일 수 있다.

목표 고객 단가를 정한다는 것은 어떤 의미일까? 손님들이 구매하는 음식의 값을 우리가 원하는 가격대에 맞출 수 있도록 하는 것이다. 싸게 팔아도 손님만 많이 오면 밑지지 않는다는 시대는 이제 지났다. 무엇보다 손해를 보지 않고 영업을 계속할 수 있어야 한다. 개업 후 1년 이내 폐업률이 예전보다 확실히 높아진 지금이다. 생존 전략도 필요하지만, 그에 못지않게 돈을 버는 것도 필요한 전략이다.

	2011년	2012년	2013년	2014년	2015년	2016년	2017년
월 평균 고객 수	7,761	8,255	8,586	7,937	8,736	8,620	8,044
일 평균 고객 수	260	276	289	265	292	325	314
평균 고객 단가	16,991	17,301	17,635	18,194	19,341	20,260	20,582

마실의 월평균 고객 수는 약 8,000명 정도다. 정말 많이 올 때는 9,500명까지도 받았다. 그런 달에는 나도 직원도 정말 많이 힘들었다. 8,500명 선이 적당한 수준이었다. 그 이상은 공간적인 제약 때문에 받을 수도 없었다. 5월이나 12월에는 손님들이 무섭게 밀려왔다. 마당까지 상을 펴고 손님을 받고 싶은 마음이 들 정도였다. 하지만 물리적인 한계 때문에 고객 수는 일정 수 이상 늘어날 수 없었다. 그래서 고객 단가 향상이 필요했다. 식당수는 점점 많아지고 경쟁은 치열해져 가는 상황에서 고객 단가는 우리 가게의 매출을 끌어올려 줄 중요한 요소가 되고 있었다.

고객 단가 향상 전략이 필요한 시점

다시 말하지만, 매출을 올리기 위해서는 고객 수를 끌어올리거나 고객 단가를 높여야 했다. 고객 수를 올리기 위해 재방문율을 높였다. 신규 고객의 방문을 유도하는 마케팅을 계속했다. 고객 단가를 올리기 위해 방문한 고객들에게 업셀링(같은 고객이 이전 구매한 상품보다 더 비싼 상품을 사도록 유도하는 판매 방법)을 통한 추가 주문을 유도하기도 했다. 물론 고객 수를 무한정 늘릴 수 있다면 고객 단가가 낮아도 된다. 하지만 고객 수는 테이블이라는 물리적 공간과 연결되어 있다. 보통 가게 테이블은 평균적으로 10~20개 사이를 갖고 있다. 테이블이 10개인 식당에 하루에 50팀이 방문한다면 한 테이블에는 5팀씩 돌아가면서 앉아야 한다.

고객들이 식사하는 동안 머무는 시간을 생각할 때 우리 가게가 감당할 수 있는 고객의 숫자는 한정적일 수밖에 없다. 물론 고객 단가가 높다면 한 테이블만 받아도 충분하다. 300만 원짜리 매출을 올려주는 손님이 있다면 하루에 두 팀만 받아도 된다. 하지만 이것은 현실적으로 불가능한 일이다. 메뉴 가격을 무작정 올린다고 매출이 따라 올라갈까? 오히려 고객 수가 떨어져 매출이 떨어지는 경우도 적지 않다. 그래서 가격을 올리기 전에 고민에 고민을 거듭할 수밖에 없었다.

일단 우리 업장을 찾아오는 고객들이 평균적으로 얼마만큼을 구매하는지를 확인했다. 그렇게 나타난 평균 고객 단가를 바탕으로 목표 고객 단가를 정했다. 마실의 경우 이론적으로 고객 단가 1,000원을 증가시키려면 매출이 5%에서 많게는 10%가량 늘어야 했다. 그러나 고객들도 합당한 이유 없이 가격을 인상하는 음식점을 무작정 이용할 리 만무했다. 그래서 가격을 10% 올리면 품질은 그 두 배 이상 올려야 했다. 그래야 손님들이 거부반응 없이 가격 인상을 수용하기 때문이다.

　고객 단가는 업종에 따라 어느 정도 정해져 있다. 고객 단가는 가게에서 정하는 것도 있지만 고객이 체감하는 고객 단가가 따로 있었다. 고객의 수준과 생활 방식, 음식점에 기대하는 내용이 모두 고객 단가에 영향을 미쳤다. 고객 단가를 세밀하게 조정하기 위해 고객에 관한 내용을 같이 점검했다. 이것을 바로 '가격 저항선'이라고 부른다. 가격을 인상하고 나면 가격 저항 때문에 손님이 어느 정도 빠지게 마련이다. 그래서 가격을 인상해도 전체 매출은 예전과 엇비슷한 경우가 많은 것이다. 이런 경우에는 대표 메뉴의 구성이나 담음새, 맛 내기 등에 변화를 주면서 가격 조정을 시도해볼 만하다. 스토리를 만들어 함께 홍보하면 고객들의 가격 인상에 대한 저항감이 줄어들었다. 사이드 메뉴와 테이크아웃 메뉴 역시 같은 원리로 가격을 조정했다.

점심특선 B의 등장

2011년 9월부터 매출이 갑자기 빠지기 시작했다. 성장의 정체와 함께 고객만족도 하락하기 시작했다. 한정식이라는 게 자극적이거나 중독성이 있는 음식도 아니고 고만고만한 반찬들을 푸짐하게 깔아주다 보니 고객들이 지겨워한 것이다. 또한, 장기근속 직원이 많은 것도 문제가 됐다. 교육이 부족하고 안이한 자세가 되면서 서비스 품질이 떨어지고 있었다. 이때 점심특선 B 세트를 만들었다. 마실의 대표 메뉴인 마실정식을 조금 간소화하면서 여기에 갈비찜이나 단호박해물찜을 선택해서 제공하는 메뉴를 만들었다. 새로운 메뉴를 적극적으로 홍보했다. 하루평균 40~50개 정도 파는 게 목표였다. 월 매출 1,000만 원 정도를 예상했다. 결국, 메뉴 리뉴얼과 함께 적극적인 마케팅을 펼쳐 월 매출을 1억 5천만 원까지 끌어올릴 수 있었다.

점심특선 B를 개발하면서 고객 단가를 끌어올리는 데 힘을 쏟았다. 그 전까지 마실은 9,900원짜리 한정식을 통해 싸고 푸짐한 점심 메뉴를 제공하는 데 주력했다. 이를 적극적으로 홍보함으로써 고객 수를 늘리는 데 성공한 것이다. 그런데 더는 손님은 늘어나지 않는 상황에서 저렴한 메뉴를 팔다 보니 매출이 올라가지 않았다. 그 당시 평균 고객 단가는 15,000원 정도였다. 손님이 바글바글하다고 해도 더는 매출이 늘어날 수 없는 상황이었다. 점심특선 B를 개발해 9,900원 손님을 15,000원짜리 상품으로 유도하기 시작했다. 점심 매출이 조금씩 올라가기 시작하더니 고객 단가가 17,000원으로 올라섰다. 매출은 1억 3천만 원 이상을 꾸준히 유지했다.

마실의 고객 단가 향상 전략은 가격대비 고객의 만족도를 극대화하는 데 있었다. 조금 더 좋은 상품 구성으로 고객들 스스로 한 단계 높은 메뉴를 선택하도록 만든 것이다. 리뉴얼 전까지는 대표 메뉴인 '마실정식'이 가장 저렴한 메뉴였다. 2015년 리뉴얼을 하면서 마실정식보다 더 저렴한 메뉴를 구성하고, 마실정식은 21,000원으로 가격을 올렸다. 사람들이 마실정식을 선택했던 이유는 가장 저렴하기 때문이 아니었다. 바로 대표 메뉴이기 때문이었다. 가격을 올린 후에도 마실정식의 선택비율은 떨어지지 않았다. 그 결과 단가 인상만큼 매출을 증가시킬 수 있었다.

(주말, 공휴일 매출 제외)

	월평균 점심 매출	월평균 저녁 매출	일매출 대비 점심 비율
2011. 09	1,680,000	3,290,000	51.0%
2011. 11	1,760,000	3,270,000	53.8%
2012. 01	1,720,333	3,160,000	54.4%
2012. 03	1,920,000	4,020,000	47.7%
2012. 05	2,030,000	3,890,000	52.1%
2012. 07	2,160,000	4,370,000	49.4%
2012. 09	2,200,000	4,120,000	53.4%

마실을 브랜딩하다

한정식이란 무엇인가?

2014년은 힘든 한 해였다. 세월호 참사와 메르스 사태가 연이어 터진 해이기도 했다. 엎친 데 덮친 격으로 천안에 한식 뷔페 전문점이 들어온다는 소문이 있었다. 장사를 계속해야 할지 접어야 할지를 고민할 만큼 초유의 위기를 맞은 셈이었다. 나는 두 분의 한식 전문가를 모시고 마실이 가야 할 길을 고민했다. 그들과 함께 8시간 이상 강의와 토론을 계속하는 강행군을 계속했다. 한 달에 한 번씩 6개월 동안 이 과정을 계속했다. 그 결과 마실만의 개념(콘셉트, concept)을 분명히 정립할 수 있었다. 본원적 경쟁력은 나 자신에게서 나온다는 사실을 다시 한번 확인할 수 있었다.

우선 한정식이 무엇인지에 관한 '본질'을 고민하기 시작했다. 사실 지금까지의 한정식은 자리의 격이 중요하지 맛은 부차적인 요소였다. 한상 차림의 부담 때문에 많은 이들이 뭘 먹었는지도 모른 채 식당을 나가곤 했다. 그래서 나는 나름대로 다음의 원칙을 세웠다. '먹을 만할 것, 고객의 입맛에 맞는 것, 허례허식이 없는 것'의 세 가지 원칙을 기준으로 삼기 시작했다. 자연스럽게 고객의 목소리에 귀를 기울일 수 있었다. 그들은 많은 상차림보다 메인 음식이 잘 나오기를 기대하고 있었다. 보쌈은 따뜻하게 나오기를, 국물 있는 음식이 주가 되기를 바라고 있었다. 문득 한정식에 치즈를 올려보면 어떨까 하는 아이디어를 떠올린 것도 바로 그즈음이었다.

▲ 마실의 베스트셀러 메뉴인 단호박해물찜

박노진의 식당 공부

서울 강남에 있는 '달과 6펜스'라는 음식점을 찾아간 적이 있었다. 그곳의 스테디셀러인 단호박찜을 처음으로 맛보고 나도 모르게 욕심이 났다. 하지만 40분이나 걸리는 조리 시간이 문제였다. 단호박을 토막 내니 모양이 살지 않았다. 해물이 단호박 속에서 익으니 흐물흐물해져 모양을 망치고 있었다. 그때 떠오른 아이디어가 바로 단호박 위에 치즈를 올려보자는 생각이었다. 고객들의 반응은 폭발적이이었다. 고객에 관한 연구는 이후로도 계속되었다. 갈비찜을 좋아하는 50~60대를 연구했다. 이들은 국물 있는 갈비를 선호했다. 하지만 기존의 갈비찜 탓인지 갈비찜은 원래 국물 없이 나온다는 선입견이 새로운 시도를 가로막고 있었다. 국물이 자작한 시래기 갈비찜을 만들었다. 이렇게 손님들의 요구를 마실만의 방식으로 재해석한 마실만의 고유한 메뉴들이 하나둘씩 상 위에 오르기 시작했다.

숟가락반상 마실의 탄생

2015년 4월, 드디어 숟가락반상 마실로 리뉴얼 오픈을 했다. 재오픈까지 무려 1년이라는 긴 시간이 걸린 매우 어려운 과정을 거친 새로운 출발이었다. 마실이라는 브랜드가 완전히 리뉴얼 되었다. 이때의 마실은 다음의 세 가지 목표를 지향점으로 삼고 있었다. 한국의 자연을 잘 아는 마실, 제천 식자재의 맛을 재현하는 마실, 계절별로 새로운 한식요리를 만들어내는 마실이었다. 이 과정에는 평소 친분이 있는 황교익 선생의 조언이 적지 않았다. 그는 한국의 자연을 가장 잘 아는 음식이 한식이라고 정의하고 있었다. 자연스럽게 과거 한식의 예절을 담은 '반상 문화'에 관심을 가지기 시작했다. 고려 시대 때부터 전해져 내려온 숟가락 문화에 새롭게 눈을 떴다. 우리만의 반상 문화, 숟가락 문화를 마실을 통해 이어가기로 다짐한 것 역시 리뉴얼 작업이 내게 가르쳐 준 새로운 깨달음 중 하나였다.

▲ 특허를 등록할 만큼 유명하고 맛있는 마실 떡갈비

박노진의 식당 공부

새로운 떡갈비 개발을 위해 무려 40여 곳 이상 전국에 산재한 식당을 방문하기도 했다. 고가의 언더렌지(underrange) 도입으로 한식에 센세이션을 불러일으키기도 했다. 격이 있는 자리에 어울리는 고려청자를 닮은 그릇을 찾기 위해 아산과 여주의 도자기 공장을 수시로 찾아다녔다. 비로소 사고의 한계가 모두 깨져나가기 시작했다. 2만 원짜리 음식을 제공하기 위해 언더렌지와 그릇 등에 수백만 원 이상의 투자를 아끼지 않았다. 거기에 한식 문화의 정점이라고 할 수 있는 누룽지를 제공하기 시작했다. 체류 시간은 길어졌지만, 만족도는 한없이 높아졌다. 이러한 노력의 진심이 전해진 탓일까? 손님들이 구름떼처럼 식당으로 몰려들기 시작했다. 자리에 앉고도 40~50분을 기다리는 일이 한동안 계속됐다. 바야흐로 문화 충격에 가까운 한식의 새로운 발견이자 도전이 다름 아닌 마실에서 그 첫발을 내디디고 있었다.

최대 매출
목표 설정하기

정리된 매출을 기준으로 월별 최고 매출, 최소 매출, 평균 매출을 정리해 보자. 그리고 달성 가능한 범위에서 최고 매출 목표를 잡아보자. 매출 목표는 현재 기록하고 있는 최고 매출에서 최대 30% 정도 높여 잡아볼 만하다. 업종과 매장 상황에 따라 다르겠지만, 매출의 30% 정도까지는 추가 인건비 없이 달성할 수 있다.

	2019년	2020년	2021년	목표
최고				
최저				
평균				

실습 문제 4

시간대별 매출 목표 설정하기

　최근 1년 치 매출을 기준으로 우리 가게의 시간대별 매출을 정리해보자. 시간대를 몇 시부터 몇 시까지로 설정할지는 가게 상황에 따라 다르다. 마실의 경우, 평일 점심, 평일 저녁, 주말로 나눠서 매출을 분석한다. 저녁에 오픈하는 고깃집의 경우 저녁 시간 전, 저녁 시간, 심야로 나눠 분석할 수도 있다. 시간대별로 매출을 확인하고 나면 어떤 매출을 올릴지 계획을 세울 수 있다. 어떤 매출을 끌어올려 전체 매출 증가의 발판으로 삼을지 결정해야 한다. 그에 따라 메뉴 전략과 인력구성도 달라진다. 신메뉴를 세트로 구성해서 선보일지 잘 팔리고 있는 메뉴를 이벤트를 통해 집중 판매할지도 판단할 수 있다.

시간대	최고	최저	평균	목표
평일 점심				
평일 저녁				
주말				

서영진 참치·초밥

참치 전문점 맞은 편에 아파트 단지가 들어섰다. 문제는 가게가 있는 동네와 단지를 가로지르는 펜스도 함께 생겼다는 점이다. 일식 경력 20년, 참치 전문점만 10여 년을 운영하고 있는 그에게 청천벽력 같은 소식이었다. 손님이 빠르게 줄었다. 점심 메뉴를 시작했다. 보통 참치 전문점은 오후에 문을 열어 새벽까지 장사한다. 하지만 9,900원 초밥 메뉴를 시작하며 장사 시간이 훨씬 앞당겨졌다. 그러자 손님도 달라졌다. 40~50대 남성 고객이 주였던 이전과 비교해 여성 손님이 부쩍 늘었다. 하지만 매출의 성격만 달라졌을 뿐 폭발적인 변화는 없었다. 그 사이 그의 가게가 있는 동네에 참치 전문점이 예닐곱 개로 늘었다. 그는 이 장사를 지속할지에 대한 심각한 고민을 하고 있었다. 나는 그 사장님에게 '가장 큰 경쟁력이 무엇인지'를 물었다. 자기 자신이라고 했다. 군대를 다녀온 후 대학도 가지 않고 뛰어든 장사였고 음식만큼은 자신이 있다고 말했다. 하지만 이 치열한 시장에서 그것만으로는 승부가 어렵다는 것도 그는 알고 있었다.

모델로 삼고 있는 식당을 물었다. 별다른 망설임 없이 식당 이름 하나가 튀어나왔다. 용인에 있는 '고기리 막국수'였다. 이유가 뭐냐고 물으니

'철학이 있어서'라고 했다. 음식에 대한 고집과 자부심 등을 구체적으로 어떻게 알 수 있는지를 다시 물었다. 그러자 이곳 막국숫집은 성수기인 여름이 아닌 가을에도 장사가 잘된다고 했다. 이유인즉슨 이랬다. 메밀은 가을에 나는데 햇메밀을 수확하는 철도 가을인 것이다. 그래서 가을에는 햇메밀로 만든 막국수를 판다고 했다. 쌀도 햅쌀이 가장 맛있듯, 햇메밀로 만든 막국수가 가장 맛있다며 광고를 한다는 것이다. 이 전략은 시장에서도 통했다. 평일에도 이곳 막국숫집은 대기 시간만 1시간을 넘긴다. 평범한 막국수 메뉴가 특별해지는 순간이었다. 막국수답지 않은 고급스러운 상차림도 주목할 만하다고 했다. 하지만 나는 평범한 참치 전문점 사장님 입에서 유일한 경쟁력으로 '철학'을 꼽았다는 사실이 더 신기해 보였다. 그가 말하는 철학이란 무엇일까? 그가 가진 철학은 또 무엇이며, 그것을 어떻게 고객들에게 보여줄 수 있다고 생각하는 것일까? 그의 침묵하는 시간이 길어졌다.

경기도 수원에 있는 '서영진 참치·초밥'은 우리가 흔히 볼 수 있는 참치 전문점이다. 이 가게의 주 고객은 40~50대의 남자 직장인들이다. 그들이 참치 전문점을 찾는 이유는 다음과 같다. 모처럼 찾아온 귀한 손님을 접대하고 싶을 때, 친한 친구를 오랜만에 만났을 때, 중요한 계약을 앞두고 있을 때, 일식집을 찾기엔 부담스러울 때, 그때 사람들은 참치 전문점을 찾는다. 우리는 이것에서부터 문제의 해결을 위한 아이디어를 고민했다.

'사람들이 참치 전문점을 찾는 이유는 무엇인가?' 그들이 가장 가려워하는 요구(니즈)의 본질은 어디에 있는가? 그들이 참치 전문점에서 가장 신나고 행복한 순간은 언제일까? 그렇게 고민을 이어가다 보니 '계약'이라는 키워드를 도출할 수 있었다. 이곳 서영진 참치에서 가장 신나는 순간은 어렵사리 따온 계약에 사인하는 순간일 것이다. 그 순간에 특별히 준비한 참치 부위를 내놓으면 어떨까? 계약이 성사될 때마다 참치 모양의 스티커를 식당의 벽에 붙여 보면 어떨까? 메뉴판을 계약서처럼 디자인해 보면 어떨까? 종업원이 양복을 입고 서빙하면 어떨까? 복권도 당첨이 많이 된 곳을 사람들이 굳이 찾아가는 것처럼 계약이 성사되는 참치 전문점으로 소문이 난다면 이곳만의 경쟁력을 갖출 수 있진 않을까?

브랜드란 차별화된 문제 해결의 방법을 제시하는 일련의 과정이다. 이를 좀 더 쉽게 분명한 개념(콘셉트)을 도출하고 그에 맞는 마케팅과 홍보 전략을 전개하기 마련이다. '제주를 품은 이니스프리'는 청정 화장품으로 자리매김했다. 제주산 녹차와 화산송이를 광고 전면에 내세우는 이유도 바로 이 때문이다. 그렇다면 '서영진 참치·초밥'을 차별화할 개념은 어떻게 도출할 수 있을까? 가게와 주인이 가진 특장점, 사람들이 간절히 바라는 교집합에서 무엇을 뽑아낼 수 있을까? 가벼운 브레인스토밍으로 시작한 아이디어는 그 후로도 한참을 이어졌다. '계약'이 개념이 되는 참치 전문점, 계약이 성사되면 특수 부위가 서비스되는 참치 전문점, 그렇게 만

박노진의 식당 공부

일 소문이 이어진다면 굳이 계약하기 위한 미팅 자리가 아니라도 사람들이 기대하는 마음으로 이 가게를 찾을 수 있지 않을까?

물론 이것은 아이디어에 불과하다. 그리고 대부분 아이디어가 그렇듯 다음날이면 시들해지거나 여러 가지 현실의 문제에 부딪혀 실제로 실행

◀ 수원명소 서영진참치 · 초밥과 서영진대표

되기란 쉽지 않을 것이다. 그러나 굳이 참치 주인과 이런 얘기를 길게 나눈 데에는 이유가 있다. 그가 그렇게 중요시하는 음식에 대한 철학은 상상 속의 것이어선 안된다는 점이었다. 사람들의 눈에 선명히 보여야 한다. 손에 잡히는 것이어야 한다. 사람들의 입을 통해 스토리의 형태로 전해질 수 있어야 한다. 그가 모델로 삼은 '고기리 막국수'처럼, 그 흔하디흔한 막국수와는 다른 스토리를 장착할 수 있어야만 한다. 그것이 배달하는 참치 전문점만 예닐곱 곳에 달하는 이 치열한 시장에서 살아남을 수 있는 유일한 돌파구일 것이다. 그리고 이 모든 아이디어의 시작은 '자신'에서 시작되어야 한다. '고객'의 요구에 닿을 수 있어야 한다. 만들면 팔리는 시대는 오래전에 지나갔다. 비주얼이 되었건 스토리가 되었건, 그가 가지고 있는 음식에 대한 자부심을 보여줄 수 있어야 한다. 들려줄 수 있어야 한다. 그렇지 않은 상상 속의 철학은 그저 한낱 음식점 주인의 고집으로만 남을 수도 있다. 이 가게의 앞으로의 선택이 내심 기다려지는 이유는 바로 이 때문이었다.

PART 3

한식 메뉴의
재발견

비용을 관리하라

영수증은 돈이다

작은 가게 하나를 운영하는 데도 여기저기 들어가는 돈이 참 많았다. 음식점 비용구조는 그만큼 복잡했다. 물건 하나를 사 와서 이윤을 남기고 조금 더 비싸게 파는 단순한 구조가 아니었다. 비용관리의 핵심은 필요한 형태로 얼마나 단순화하느냐에 달려 있었다. 마실은 10년 이상 쌓아온 데이터를 바탕으로 모든 비용을 재료비, 인건비, 일반관리비로 구분해서 관리했다. 지출되는 모든 돈은 이 세 개 항목 중 하나에 속하도록 했다.

바쁘고 돈도 버는 것 같은데 실제 내 주머니에 돈이 남지 않는 이유는 다른 데 있지 않았다. 많이 쓰기 때문이었다. 마치 다이어트의 핵심이 효과 좋은 약이 아니라 좋은 식단과 절제에 있는 것과 같았다. 비용을 분석하고 이를 토대로 없애거나 줄일 수 있는 비용들을 효율화해야 했다. 매출은 남아야 남는 돈이 수익이지만, 비용은 아끼는 만큼 고스란히 수익이 된다는 사실을 비로소 깨달을 수 있었다.

매출 관련 데이터는 포스에서 대부분 찾을 수 있었다. 하지만 자료 매입까지 포스에 기록하기가 쉽지 않았다. 입력이 가능한 포스도 있지만 복잡하고 귀찮았다. 그래서 매입과 관련된 부분은 별도의 양식으로 관리했다. 보통 엑셀 프로그램으로 관리하는 것이 대부분 음식점에서 하는 방식이다. 매출 데이터를 분석해 주는 곳들은 있었다. 하지만 비용을 효과적으로 입력하고 분석 관리해 주는 곳은 드물었다. 수기로 작성하는 분들도 꽤 많았다. 매출과 매입이 포스에서 한꺼번에 기록되고 정리되면 참 좋겠다는 생각은 나만 한 것이 아니었다. 병원 처방전을 약국에서 일일이 기록하지 않고 바코드 스캔으로 자동 처리하는 것을 본 적이 있다. 일반 음식점들도 구매하는 식자재들의 양식을 통일하면 어떨까? 매입정산도 포스에서 자동으로 정산해 주는 방식으로 발전할 수 있지 않을까?

어쨌든 당장은 일일이 매입을 정리해야 했다. 조그마한 가게 하나를 운영하는데 돈이 나가는 곳이 왜 이렇게 많은지 모르겠다. 게다가 지출구조가 너무 복잡했다. 거래처 전부가 세금계산서를 끊는 것도 아니었다. 어떤 것은 급하다 보면 마트나 시장에서 바로 현금으로 사기도 했다. 영수

1. 매입원가분석

구 분	당 일	%	누 계	%	주 간	%
순매출액	5,531,700		5,531,700		5,531,700	
야 채 류	385,500	6.97	385,500	6.97	385,500	6.97
공 산 품	725,900	13.12	725,900	13.12	725,900	13.12
수산(건어)물	186,000	3.36	186,000	3.36	186,000	3.36
육 류	644,270	11.65	644,270	11.65	644,270	11.65
쌀 집	89,000	1.61	89,000	1.61	89,000	1.61
대 통		0.00	–	0.00	–	0.00
과 일	68,000	1.23	68,000	1.23	68,000	1.23
기타(한과)		0.00	–	0.00	–	0.00
재료비계	2,098,670	37.94	2,098,670	37.94	2,098,670	37.94
주 류		0.00	–		–	0.00
음료수		0.00	–		–	0.00
음주류계	–	0.00	–	0.00	–	0.00
가 스/석유			–		–	
전기/수도			–		–	
전화/통신			–		–	
복리후생비			–		–	
비품/식자재			–		–	
수리/소모품			–		–	
인쇄/홍보			–		–	
접대/식대			–		–	
공과금/후원			–		–	
이자/집세			–		–	
차량/교통비			–		–	
청소/용역			–		–	
기 타			–		–	
기타소계	–	0.00	–	0.00	–	0.00
합 계	2,098,670	37.94	2,098,670	37.94	2,098,670	37.94

2. 인건비분석

구 분		당 일	%	누 계	%	주 간	%
홀	기 본	615,000		615,000		615,000	
	일 당			–		–	
	알 바						
	소 계	615,000	11.12	615,000	11.12	615,000	11.12
주방	기 본	750,000		750,000		750,000	
	일 당			–		–	
	알 바			–		–	
	소 계	750,000	13.56	750,000	13.56	750,000	13.56
관리	기 본	316,560		316,560		316,560	
	일 당			–		–	
	퇴직금						
	소 계	316,560	5.72	316,560	5.72	316,560	5.72
합 계		1,681,560	30.40	1,681,560	30.40	1,681,560	30.40

증 한 장을 잃어버리면 메울 수 없는 구멍이 생겼다. 게다가 부가가치세나 소득세 같은 세금은 미리 비용으로 잡아두어야 했다. 그러지 않으면 생각지도 않고 있다가 한꺼번에 내는 경우가 생겼다. 그러면 부가가치세를 신고하는 달은 수익이 아예 없을 때도 있었다. 그래서 아예 통장을 따로 만들어 두었다. 미리 세금을 모아 두었다가 신고할 때 통장에 있는 돈으로 내기 위해서였다.

매입은 한꺼번에 정리하려고 하면 큰일이 되곤 했다. 따로 시간을 내서 하려다 보면 손댈 수 없는 상태가 되었다. 그래서 매입만큼은 가능하면 매일매일, 최소 일주일에 한 번씩은 영수증 정리를 하고 꼼꼼하게 기록해 두었다. 이렇게 매일 지출 명세를 정리하니, 월말이 되면 지출할 금액이 자동으로 계산되곤 했다.

관리를 쉽게 하기 위해서는 구조를 단순하게 해야 했다. 지출되는 모든 비용은 재료비, 인건비, 개인지출, 일반관리비로 정리했다. 재료비와 인건비는 기본적인 비용들이다. 이때 사장님 월급도 비용으로 산정해 인건비에 포함했다. 그래야 얼마나 남는지 정확히 계산할 수 있기 때문이다. 그 외의 비용들은 모두 일반관리비로 포함해 지출 금액을 정리해 두었다. 예를 들어 주방 에어컨을 수리했다든지, 마케팅 비용으로 지출된 비용들은 모두 일반관리비에 포함했다.

재료비는 수집하는 데이터 중에 가장 까다로웠다. 온갖 영수증들을 모두 보아 합산해야 했다. 매입하는 거래처가 많을수록 해야 할 일은 더 많아졌다. 매출 데이터는 포스의 숫자들만 매일 기록해도 어느 정도 집계가 되었지만, 매입 데이터는 그날그날 정리하지 않으면 힘들었다. 영수증 하나만 분실해도 돈이 날아가는 것과 같았다. 어디에 썼는지 모르게 돈이 사라진 경우와 같은 것이다. 마실에서는 매일 영수증을 집게로 집어서 보관했다. 들어오는 순서대로 집게로 모아 두었다가 마감하면서 한 번에 기록했다. 마실은 종류마다 매입하는 점포가 달랐다. 따라서 세금계산서의 금액을 그대로 기록하면 그 자체가 재료의 분류가 되었다. 야채류, 잡곡, 공산품, 수산물, 육류, 쌀, 과일, 주류, 기타로 구분해서 매일 기재했다. 하지만 마트에서 한꺼번에 물건을 받는 경우, 여러 개의 품목이 섞여서 들어올 수 있었다. 이럴 때도 항목별로 분류하고 집계했다. 재료비를 이렇게 정리해 두니 특정 재료비가 오르거나 내려도 그에 맞는 대안을 빠르게 찾을 수 있었다. 원가 관리에도 유리했다.

일반관리비는 일단 항목이 많아 복잡했다. 게다가 계좌에서 자동이체되는 돈이 많아 빠져나가는 줄도 모르게 지출되곤 했다. 임대료, 수도비, 광열비 등 각종 세금이 일반관리비에 포함되었다. 감가상각비용도 일반관리비로 처리했다. 직원들의 복지를 위한 비용도 인건비가 아니라 일반관리비에 포함했다. 4대 보험과 지원되는 식비, 퇴직금 항목을 모두 일반관리비로 구분했다. 그 외에 부가세, 소득세, 카드수수료 등도 정리해야 했다. 부가세와 소득세는 매출의 7% 정도를 미리 빼놓았다. 장사가 잘되든 아니든 기본적으로 들어가는 비용들이었다. 비용 정리에 있어서 가장 중요한 것은 해당 월에 지출된 모든 돈이 포함되어야 한다는 점이었다. 통장에 있는 자동이체 명세도 확인해서 비용으로 계산해 넣었다. 가능하면 일용직의 인건비나 직원들의 간식비까지 꼼꼼하게 작성했다.

영수증 하나하나가 돈이었다. 매출은 여러 경로를 통해 자동으로 수집할 수 있지만, 지출은 산발적으로 발생했다. 직접 정리해 놓지 않으면 어디로 새는지 모르게 돈이 사라졌다. 쓴 곳이 없는데도 지출이 발생했다. 잘 기억하고 있을 것 같아도 그때그때 정리해 놓지 않으면 기억을 더듬어 찾기가 너무 어려웠다.

적정 원가율을 찾아서

음식점 원가는 어디까지 허용되어야 할까? 음식점은 살아 움직이는 생명체와 같다. 어떤 음식점은 오픈하면서부터 화려한 출발을 시작해 대박 식당이나 다점포 외식기업, 가맹점(프랜차이즈) 회사로 성장하기도 한다. 하지만 또 다른 음식점은 시작할 때부터 망할 것 같은 불길한 예감을 가지고 시작하다가 얼마 가지 못하고 문을 닫게 된다. 그렇게 망할 거라면 퍼주기라도 하고 망할 것을 끝까지 재료비 아끼느라 바들거리다 폐업절차를 밟는 식당을 많이 보았다.

소비심리위축, 장기불황, 저성장이 불황익 늪에 빠진 외식업계에 대한 우려의 목소리가 높아지고 있다. 특히 원가 부담에 대한 우려의 목소리는 경쟁업소의 폭발적인 증가와 함께 위험수위를 넘어선 지 이미 오래다. 우선 손님을 끌어들이기 위해 가성비(가격대비 만족도)를 높이고자 가격을 낮추거나 원가율을 높여 고객들의 눈높이를 맞추다 보니 장사를 해도 남는 것이 없다는 볼멘소리마저 나오는 것이다.

그렇다면 음식점의 재료원가는 어디까지 허용되어야 할까? 통상 한식당의 평균 원가율은 35%로 잡는다. 최근에는 40%까지 보는 곳도 많다. 고깃집도 40% 이상, 많으면 45% 정도 잡아주는 게 일반적인 추세다. 워낙 원육값이 고공행진 중이기 때문이다. 해산물 쪽도 스시(초밥)나 사시미(생선회) 쪽은 35% 내외로 본다. 하지만 생물을 다루는 곳은 40%를 쉽게 웃돈다. 반면, 우동, 칼국수 등 면 음식 쪽은 30% 정도를 적정한 원가로 본다.

면 Item : 30% ±∝ 　　한식 Item : 35% ±∝ 　　고기 Item : 40% ±∝

- 재고 : 전 월 재고 + 당 월 재고 = 처리가 용이함
- 적정원가 : 고객 만족과 업주 만족의 경계지점에 있음

박노진의 식당 공부

시급 1만 원 시대에 살아남기 위한 인건비 계획

매출 목표를 잡는 여러 가지 이유와 방법이 있다. 매해 월별 목표를 잡기도 하고 월말과 월초에 새로운 계획을 짜기도 한다. 때로는 절박한 상황에 떠밀려 매출 증가 계획을 세울 때도 있다. 현재 마실이 가장 시급하게 해결해야 하는 문제는 인건비에 맞는 수준으로 매출을 끌어올리는 것이다. 다른 가게들보다 시급이 높은 편에 속하고, 모든 직원이 4대 보험과 퇴직연금에 가입되어 있기 때문이다. 시급 인상에 따른 타격은 그 어느 업종보다 크게 다가온다. 인건비 상승은 거스를 수 없는 현상이다. 버틴다고 버틸 수 있는 상황도 아니다. 따라서 마실은 시급 1만 원 시대에 살아남기 위한 매출 전략을 미리 짜는 중이다.

시급 1만 원을 주기 위해서는 월 매출이 2억 5천만 원 이상이 되어야 한다. 마실의 월 방문 고객 수는 8,000명 선이다. 고객 수를 늘리는 전략은 한계가 있다. 식당이라는 물리적인 공간이 필요하기 때문에 손님들이 몰려온다고 하더라도 회전율을 끊임없이 늘릴 수는 없다. 고객 수가 획기적으로 늘어나지 않는 이상 1인당 고객 단가가 25,000원을 기록해야 가능한 매출이다. 마실은 고객 단가 증가 전략을 계획하고 있다. 마실의 목표 고객 단가는 2014년 17,000원에서 2016년 20,000원으로 올렸다. 2018년에 22,000원에서 2020년까지 25,000원 수준까지 올리는 계획을 하고 있다. 고객 단가를 올리면 고객 수는 어느 정도 줄어드는 것을 감수해야 한다. 올라가는 고객 단가로 감소하는 고객 수까지 커버하려면 고객 단가를 조금 더 올려야 할 수도 있다.

매출	시급	예상 인건비	인건비 비율
180,000,000원	7,530원	54,000,000원	30.0%
180,000,000원	8,350원	59,880,478원	33.3%
180,000,000원	10,000원	71,713,417원	39.8%

마실은 인건비로 매출의 30% 정도 지출한다. 매출 1억 8천만 원일 때 지출하는 인건비는 5,400만 원 정도였다. 4대 보험이나 퇴직금 등 직원 복지로 지급되는 금액은 제외된 숫자다. 매출이 늘어나지 않는다면 2019년 최저시급인 8,350원을 적용하면 인건비는 약 6,000만 원, 매출의 33.5%를 차지하게 된다. 멀지 않은 시급 1만 원 시대에는 인건비가 매출의 40% 가까이 올라간다. 실제 마실의 경우 최저시급보다 조금 더 높게 책정되어 있으므로 연장근로와 휴일근로 수당 등도 함께 올라간다. 또한, 각종 세금을 포함한 금액을 고려한다면 실제 지출 비용은 이보다 훨씬 많을 것이다. 매출이 올라가지 않는다면 더는 버티기 어려운 상황이다.

지금처럼 인건비 비율을 30% 수준으로 유지하기 위해서는 2019년에는 매출 2억 원, 2021년까지는 매출 2억5천만 원까지 올려야 한다. 물리적 공간 때문에 고객 수를 늘리는 것이 불가능하다는 가정하에 2019년

박노진의 식당 공부

목표 고객 수를 8,000명 수준을 유지하려면 고객 단가는 25,000원으로 올려야 한다. 이게 현실적으로 달성 가능한 고객 단가일까? 솔직히 자신이 없다. 그래서 다시 고객 수를 늘리는 방안을 고민하고 있다. 비활성화된 영업시간을 살리는 방법과 함께 그 시간에 고객들을 끌어들이는 방법들을 고민하고 있다. 또한, 도시락과 배달 시스템을 활용해 공간적인 제약을 벗어난 매출 증가를 기대하고 있다.

숫자의 의미를 연결하라

느낌을 숫자로 설명할 수 있는가?

2017년 7월의 매출은 잔인했다. 5월이 지나자마자 6월과 7월 두 달 동안 매출이 곤두박질쳤다. 5월이야 가정의 달이니까 워낙 장사가 잘되던 만큼 6월은 어느 정도 당연히 빠질 것이라 생각하고 별 대처 없이 지나갔다. 5월 하순부터는 손님이 줄어들고 여름휴가 전에 소비를 줄이려는 흐름이 있으니 자연스러운 현상이라고 생각했다. 그런데 7월이 되자마자 하루가 다르게 매출이 뚝뚝 떨어지는 것이 눈에 보이기 시작했다. 특별히 업장 운영에 문제가 있거나 눈에 띄게 고객 불만이 있었던 것도 아니었다. 식당은 여전히 분주한 느낌이었고 손님들도 끊임없이 이어지

박노진의 식당 공부

는 느낌이었다. 그런데 매출은 왜 떨어지고 있는 걸까? 본격적으로 데이터를 들여다보기 시작했다.

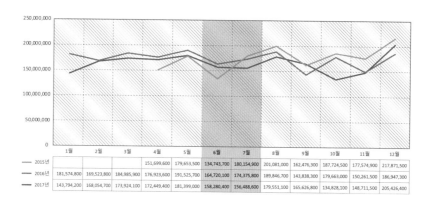

	1월	2월	3월	4월	5월	6월	7월	8월	9월	10월	11월	12월
2015년				151,699,600	179,653,500	134,743,700	180,154,900	201,081,000	162,476,300	187,724,500	177,574,900	217,871,500
2016년	181,574,800	169,523,800	184,985,900	176,923,600	191,525,700	164,720,100	174,375,800	189,846,700	143,838,300	179,663,000	150,261,500	186,947,300
2017년	143,794,200	168,054,700	173,924,100	172,449,400	181,399,000	158,280,400	156,488,600	179,551,100	165,626,800	134,828,000	148,711,500	205,426,400

'매출이 너무 많이 떨어졌어'라는 평범한 한 마디도 데이터가 뒷받침되면 의미가 달라진다. 6월 매출이 떨어지는 것도 자연스러운 흐름이라고만 생각했는데 숫자를 펼쳐놓고 다시 한번 보니 2016년 6월보다 650만 원 정도 매출이 빠져 있었다. 매출 하락의 조짐은 6월부터 천천히 시작되고 있었다. 7월이 되면서 매출이 갑자기 떨어진 것이 아니었다. 좀 더 세분화해서 매출을 들여다봤다. 주말 매출이 하루에 200~300만 원씩 빠지고 있었다. 전년 대비 고객 수가 2016년 7월 8,750명에서 2017년 7월에는 7,740명으로 약 1,000명 정도 줄었다. 한 달이 지나고 나니 1,800만 원 이상 매출이 떨어졌다. 고객 수를 늘리고 주말 매출을 끌어올리기 위한 전

략이 시급했다.

다시 메뉴별 세부 데이터를 분석해봤다. 고가 메뉴보다 저가 메뉴가 확연하게 줄어들었다. 2016년과 2017년 5월에서 7월까지 3개월 동안의 메뉴판매분석표를 보면 저가 메뉴로 분류할 수 있는 점심특선 A와 기본정식, 마실정식의 판매량이 2,000개 이상 줄어 있었다. 매출이 떨어진 핵심적인 이유가 분명해졌다. 다름 아닌 저가 메뉴를 찾는 고객들이 줄어든 것이다. 그렇다면 우리는 어떻게 판단해야 할까? 사라진 저가 메뉴를 드시던 손님을 다시 불러와야 할까? 데이터 분석과 내부 마케팅 회의를 통해 그동안 마실을 찾았던 단골손님들을 위한 재방문 이벤트를 실행했다. 여러 가지 이유로 자주 오지 못했던 고객들을 통해 떨어진 매출을 회복했다.

메뉴명	가격	2016.5	2016.6	2016.7	소계	2017.5	2017.6	2017.7	소계
점심특선 A	10,900	1,178	1,295	1,048	3,521	859	1,136	1,092	3,087
점심특선 B	15,000	1,125	1,199	1,281	3,605	1,107	1,206	1,125	3,438
점심특선 C	19,000	224	212	298	734	242	241	143	625
기본정식	15,000	1,150	1,079	1,113	3,342	838	772	990	2,600
마실정식	20,000	2,981	2,627	2,925	8,533	3,090	2,094	2,240	7,424
참조은정식	25,000	1,553	1,254	1,243	4,050	1,442	1,358	1,010	3,810
귀한정식	30,000	727	451	555	1,733	692	665	413	1,770
스페셜정식	35,000	401	261	283	945	390	320	723	1,433
월 방문고객수		9,319	8,378	8,746	26,443	8,660	7,792	7,736	24,188

데이터 경영의 시작

이처럼 데이터 경영을 시작하면 매출이 떨어지는 상황에 대해 숫자로 설명할 수 있게 된다. 두루뭉술하게 느낌과 감으로 이야기하지 않게 된다. 어디서 얼마나 떨어졌는지, 어떤 전략이 필요한 상황인지 계획을 세울 수 있다. 매출이 떨어지는 상황에서 고객 수가 줄어드는 것과 고객 단가가 떨어지는 것은 각각 다른 해답을 내놓는다. 구체적인 해결책은 그때그때 달라지더라도 그 방향은 데이터에서 답을 찾을 수 있다. 말로 표현되는 식당의 모든 상황은 숫자로 나타낼 수 있다. 숫자들에 대한 감이 생기기 시작하면 문제가 생긴 지점이 한눈에 들어온다. 막연한 느낌을 숫자라는 구체적인 틀로 설명할 수 있다. 해야 할 일과 당장 그만둬야 할 일들이 명확해진다. 무엇보다 숫자로 설명할 수 있으면 여러 사람과 공유할 수 있고 논리적인 설명이 가능해진다.

지금의 마실은 사장인 내가 없어도 일주일 이상 큰 문제 없이 돌아간다. 많은 것들이 매뉴얼화 되어 있기 때문이다. 문제가 생기는 부분은 숫자로 나타나도록 시스템화해놓았다. 자리를 비운 시점에 매출이 크게 떨어진다 해도 바로 분석할 수 있고 대처방안을 찾을 수 있다. 데이터는 그런 판단을 할 수 있도록 도와준다. 요일별, 월별 변동폭을 이해하고 있으면 숫자만으로도 매출 상황을 파악할 수 있다. 머릿속에 숫자들이 촘촘히 자리 잡고 있으면 식당을 보는 감이 살아난다 이때의 감이란 막연한 느낌이 아니라 명확한 숫자로 근거를 가진 것들이다.

식당이 쌓아온 시간을 살펴보면 매출을 계획하는 것도 가능해진다. 꾸준히 쌓은 데이터는 식당의 현재요 미래가 된다. 데이터가 쌓일수록 가게가 어디로 가고 있고, 어디로 가게 될지 예측할 수 있다. 데이터를 통해 가게를 바라보는 것은 내 힘으로 우리 가게를 객관적으로 바라볼 힘을 준다. 어떻게 개선할지 방법을 알려 준다.

▲ 박노진의 데이터 경영 수업 모습

매출은 한꺼번에 증가하지 않는다

모든 사장님이 마음속으로 그리는 매출 그래프는 한결같다. 오른쪽이 하늘을 향해 쭉쭉 뻗어있는 상승 그래프를 꿈꾼다. 그 기울기는 크면 클수록 좋다. 그만큼 식당이 빠르게 성장하고 있다는 뜻이기 때문이다. 한 번도 주저함 없이 플러스 성장률을 기록하며 달려갈 수 있기만을 바란다.

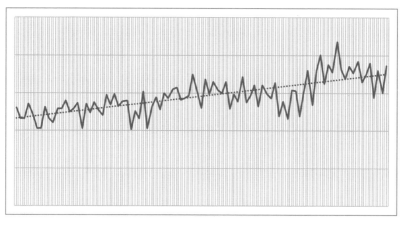

▲ 마실 2006년 3월 ~ 2017년 12월 매출 그래프, 점선은 추세선

하지만 실제 매출은 그렇게 증가하지 않는다. 꾸준히 성장하는 식당들의 2~3년간 매출 그래프를 그려보면 열이면 열 모두 계단 형태로 올라간다. 세세히 쪼개보면 더 들쑥날쑥한 그래프가 그려진다. 월별 특징에 따

라 매출이 출렁거리기도 하고, 예상치 못한 어떤 환경의 영향을 받게 되기도 한다. 마실의 입장에서 그렇게 다가온 사건은 세월호 참사와 메르스였다. 어떻게 손써 볼 방법도 없이 추락하는 매출을 지켜봐야만 했다. 하지만 그 순간에도 마실은 성장했다. 매출의 전체적인 추세선을 그려보면 여전히 오른쪽 끝이 올라가 있는 것이다.

매출은 한꺼번에 증가하지 않는다. 계획을 세운다면 적어도 6개월은 준비해야 한다. 한두 달 만에 갑자기 뻥 튀는 매출은 분명히 거품이 낀 것이다. 거품은 반드시 꺼지게 마련이다. 그렇게 성장한 매출은 풍선 터지듯 한꺼번에 가라앉는다. 반대로 차곡차곡 쌓이면 대단한 힘을 갖게 된다. 아주 작은 목표 하나라도 일 년 이상 투자해야 비로소 매출이라는 결과물로 나타나곤 했다. 그때까지는 지루하고, 때로는 약이 오르는 노력을 꾸준히 쌓아올려야 했다.

목표를 높게 잡는 것이 잘못은 아니다. 목표를 달성하는 과정이 잘못되어 있다면 그것이 바로 문제다. 목표를 쪼개지 않고 덩어리로 바라보면 너무 크게만 보인다. 3개월, 6개월, 9개월, 12개월로 목표를 쪼갤 수 있어야 한다. 단계를 나누어 계획을 세워 보니 달성 가능한 목표인지 아닌지를 단번에 알 수 있었다. 그렇게 작게 바라본 후라야 비로소 시도해 볼 수 있는 것이 생겨나기 시작했다.

식당 메뉴를 재발견하라

메뉴, 무엇을 어떻게 바꿀까?

매출은 고객 수와 고객 단가에 의해 결정된다. 이것을 풀어나가는 것이 바로 메뉴다. 어떤 메뉴가 어느 정도 가격대로 구성되느냐에 따라 어떤 고객이 오는지가 결정된다. 고객이 식당으로 들어와 선택하는 메뉴에 따라 매출이 결정된다. 식당의 성공 여부는 이 메뉴에 달려 있다고 해도 과언이 아닐 정도다. 메뉴의 선택과 네이밍, 가격 설정, 메뉴판 구성에 이르기까지 어떤 메뉴를 결정하느냐에 따라 식당의 매출이 오르내렸다. 좋은 것을 주고 싶은 마음에 비싼 식자재로 맛있는 음식을 만들어도 너무 비싸면 찾는 사람이 적었다. 그렇다고 무작정 싼 가격만을 목표로 메뉴를 개발할 수도 없었다. 고객의 입맛에 맞추며 식당의 수익을 맞출 수 있는 적정선을 찾아야만 했다.

우리 가게에서 가장 잘 팔리는 메뉴는 어떤 것일까? 그 메뉴는 전체 매출에서 어느 정도의 중요도를 차지하고 있을까? 실제 판매된 수량과 매출을 기준으로 이런 수치들을 산출해 보니 우리가 팔고 싶은 메뉴가 팔리고 있는지를 확인해 볼 수 있었다. 포스에서 메뉴별 매출을 출력해 다음과 같이 정리해 보았다.

$$[\text{매출공헌도} = \text{해당 메뉴 매출} / \text{월 매출} \times 100]$$

가게에서 파는 모든 메뉴를 분석할 필요는 없었다. 공깃밥 추가나 사리 등을 주요리와 같은 수준으로 분석을 하면 반드시 오류가 생겼다. 단, 전체 매출의 90% 이상을 포함하는 선에서 메뉴별 판매 수량과 매출을 정리했다. 너무 많은 메뉴가 제외되면 데이터의 정확도가 떨어졌다. 마실의 경우, 주류를 제외하고 점유율을 계산했다. 그래야 메인 메뉴가 어느 정도 팔리는지 확인해 볼 수 있기 때문이다. 메뉴별 매출을 점검할 때는 수량점유율과 매출점유율을 각각 확인했다. 많이 팔리지만, 실제 매출기여도는 낮을 수도 있기 때문이다. 실제로 단가가 낮은 상품의 경우 수량기여도는 높지만, 매출기여도는 낮았다.

박노진의 식당 공부

[수량공헌도 = 해당 메뉴 판매수량 / (비교대상메뉴 판매수량) × 100]

매출공헌도와 마찬가지로 수량을 각각 입력하니 수량공헌도를 확인할 수 있었다. 수량공헌도를 비교할 때는 포스에 찍히는 판매 수량 전체를 확인하지 않았다. 비교할 대상이 되는 메인 메뉴의 판매 수량을 분모로 놓았다. 단품 메뉴 판매 수량은 제외했다. 족발집이라면 공깃밥이나 채소 추가 등의 메뉴까지 판매 수량으로 환산할 필요는 없다. 대·중·소 족발의 판매 비중만 판매 수량으로 환산하면 된다. 그 안에서 판매 수량공헌도를 확인하는 것이다.

메뉴	단가	수량 공헌도	매출 공헌도
점심특선 A	11,900원	14.5%	8.3%
점심특선 B	16,000원	14.0%	10.8%
점심특선 C	19,000원	2.7%	2.7%
기본정식	16,000원	10.4%	8.0%
마실정식	21,000원	27.9%	28.3%
참조은정식	26,000원	19.3%	24.3%
귀한정식	31,000원	7.1%	10.7%
스페셜정식	36,000원	3.7%	6.4%

메뉴	단가	매출 공헌도	비율
마실정식	21,000원	28.3%	
참조은정식	26,000원	24.3%	
점심특선 B	16,000원	10.8%	83%
귀한정식	31,000원	10.7%	
점심특선 A	11,900원	8.3%	
기본정식	16,000원	8.0%	
스페셜정식	36,000원	6.4%	17%
점심특선 C	19,000원	2.7%	

(80:20 파레토 법칙을 기억하면 어떤 메뉴에 집중해야 하는지 알 수 있다.)

　마실의 경우, 메뉴별 매출점유율은 일정하게 유지되었다. 매출이 높든 낮든 고객 수가 많든 적든 이 비율은 거의 변하지 않았다. 이 매출점유율을 기준으로 고객들이 조금 더 좋은 메뉴를 선택하게끔 변화를 주면서 고객 단가와 고객 수를 조절했다.

　마실에서 점심특선 A와 점심특선 B를 선택하는 비중은 약 14% 정도로 비슷했다. 하지만 매출공헌도는 점심특선 B가 훨씬 높았다. 그 이유는 점심특선 A는 10,900원이고 점심특선 B는 15,000원이었기 때문이다. 고객들이 점심특선 B 메뉴를 더 많이 선택하도록 하는 것이 매출에는 도움이 되었다. 반대로 마실정식과 참조은정식은 수량공헌도에서는 약 9% 정도의 차이가 났다. 그런데 매출공헌도에서는 4% 정도밖에 차이가 나지 않았다. 이것도 참조은정식의 메뉴 단가가 비싸서 나타난 결과였다. 선택하는 사람은 적어도 실제 매출은 높은 메뉴였기 때문이다. 따라서 마실정식을 선택하는 사람들이 한 단계 더 높은 참조은정식을 선택할 수 있도록 노력을 기울였다. 참조은정식의 수량공헌도가 더 높아지는 것이 마실에는 유리했기 때문이었다.

마실의 메뉴 구성

마실의 메뉴는 점심 3가지, 저녁 5가지다. 그 외 단품으로 추가 선택을 하게 되어 있지만, 매출에서 차지하는 비중이 크지 않았다. 이 8가지 메뉴에만 집중하기로 했다. 고객들 역시 마찬가지였다.

마실의 경우 마실정식, 참조은정식, 점심특선 B, 귀한정식, 점심특선 A 등 5개 메뉴가 전체 매출을 이끌어 갔다. 넓게 보면 기본정식까지 포함한 총 6개의 메뉴가 전체 매출의 90% 정도를 차지했다. 일반적으로 메뉴별 매출 상위 4~5개의 메뉴가 전체 매출의 80% 정도를 차지하고 있다면 안정적이라고 본다. 나머지 20%의 메뉴는 새로 개발한 신규 메뉴나 유인 메뉴, 비교 메뉴 등이 매출을 채우게 된다. 마실 역시 지속해서 매출공헌도가 3% 미만인 메뉴들은 다른 상품으로 대체하거나 없애야 하는 것은 아닌지를 고민했다. 물론 전체적인 가게의 규모와 메뉴별 단가를 함께 고민했다.

메뉴가 지나치게 많다고 생각되면 메뉴 가지 수를 조절했다. 판매수량 공헌도와 매출공헌도가 분산되어 있다면 메뉴를 정리했다. 그래야만 어떤 메뉴를 중점으로 잡고 제대로 홍보를 해야 하는지 알 수 있었다. 메뉴를 없앤다는 것은 정말로 고민스럽고 고통스러운 일이었다. 그 메뉴를 개발하는 동안 흘린 땀방울들이 고스란히 남아 있기 때문이었다. 하나하나 내 자식 같은 메뉴들이 제대로 빛을 보지 못하고 사라져야 하는 것이 못내 아쉬웠다. 또 누군가는 와서 그 메뉴를 찾을 것만 같은 마음이 자꾸 들었다. 순두부는 옆집 할머니가 좋아해서 없앨 수 없었다. 김치찌개는 가끔 오는 총각이 맛있다고 했던 메뉴였다. 된장찌개는 어제도 한 그릇 팔린 메뉴였다. 그 메뉴를 없앨 수 없는 이유는 수도 없이 많았다.

하지만 그 옆집 할머니는 석 달에 한 번씩 우리 가게에 왔다. 김치찌개가 맛있다고 말한 총각은 그 후로 한 번도 오지 않았다. 무엇보다 그 메뉴의 실적은 매출로 정확히 나타나고 있었다. 메뉴판은 우리 집에 오는 손님들과 커뮤니케이션을 할 수 있는 공간이었다. 그 소중한 공간을 팔리지 않는 메뉴로 빽빽하게 채워 넣을 필요가 없었다. 자신 있는 메뉴로만 채우기에도 부족한 메뉴판이었다.

박노진의 식당 공부

가성비메뉴	점심대표메뉴	확장메뉴	기본메뉴	대표메뉴	주력메뉴	확장메뉴	유인메뉴
점심특선 A	점심특선 B	점심특선 C	기본정식	마실정실	참조은정식	귀한정식	스페셜정식
11,900원	16,000원	20,000원	16,000원	21,000원	26,000원	31,000원	35,000원
최저가격				목표 고객 단가 고객만족가격			최고가격
Price line	Price line	Price line	Price line	Price Point	Price line	Price line	Price line

[수용가격대 Price Zone = 최고가격 − 최저가격]

메뉴 가격을 올려도 될까?

메뉴 가격을 변경하는 것은 식당 사장님들에게 참 고민스러운 일이다. 메뉴의 가격을 올리고 현재 고객 수를 유지한다면 인상한 가격만큼 매출이 오른다. 하지만 고객들의 가격 저항선 때문에 고객 수가 줄어든다면 오히려 매출은 더 감소할 수 있다. 메뉴 가격을 1,000원씩 올리고 현재 오는 손님들이 그대로 유지된다면 고객 단가가 그대로 1,000원이 올라가고 매출은 고객 수만큼 증가한다. 단순 계산상으로는 그렇다. 하지만 실제로는 가격을 올리고 나면 손님이 어느 정도 줄어든다. 그래서 매출은 크게 오르지 않거나 오히려 떨어지는 예도 있다. 그래서 메뉴 가격을 쉽게 올리지 못한다.

마실에서는 2014년에 제일 싼 메뉴 가격을 2,000원 인상한 적이 있다. 별다르게 변경된 내용 없이 식자재 등의 인상으로 어쩔 수 없는 가격 인상이었다. 고객들은 즉시 반발했고 즉각적인 고객 이탈이 일어났다. 점심 매출이 전년 대비 50% 이상 하락했다. 5개월 후 다시 메뉴 가격을 조정하고 사태는 진정됐지만, 그때 이후로 메뉴 가격을 올리거나 내리는 것을 좀 더 신중하게 결정한다.

	원가	판매가	고객 수	매출	수익
인상 전	3,000원	10,000원	100명	1,000,000원	700,000원
인상 후	3,000원	12,000원	70명	840,000원	630,000원

원가 3,000원인 음식을 10,000원에 팔 때는 100개를 팔아서 매출 100만 원과 수익 70만 원을 남겼다고 가정해 보자. 그리고 가격을 12,000원으로 올리고 나니 고객 수가 30% 감소했다. 매출은 84만 원이 되고 수익은 63만 원이 된다. 실제로는 음식의 품질을 개선하면서 올라간 원가 인상분을 감안하면 수익은 이보다 더 안 좋을 수 있다. 매출을 끌어올리고

수익성을 개선하기 위해 메뉴 가격을 인상했는데 결국 매출도 떨어지고 수익성도 나빠지는 경우라고 볼 수 있다.

메뉴	변경 전	변경 후
점심특선 A	10,900원	11,900원
점심특선 B	15,000원	16,000원
점심특선 C	19,000원	20,000원
기본정식	15,000원	16,000원
마실정식	20,000원	21,000원
참조은정식	25,000원	26,000원
귀한정식	30,000원	31,000원
스페셜정식	35,000원	36,000원

　　모든 메뉴 가격을 1,000원씩 올리면 매출은 어떻게 달라질까? 마실은 2018년 3월에 모든 메뉴의 가격을 인상했다. 메뉴 가격이 변경되면 고객이 어느 정도 이탈하는 것을 고려해야 한다. 그래서 메뉴 가격을 변경하고 나면 첫 번째로 고객 수가 줄어들었는지를 확인해야 한다. 가격 저항선을 넘지 못하면 단골손님들이 이탈하고 신규 고객 유입도 줄어든다. 결국, 고객 수가 줄어들다 보니 전보다 매출과 수익이 더 줄어들 수 있다.

　　다행히도 마실은 이번 가격 변동 이후 고객 수가 눈에 띄게 줄어들지는 않았다. 물론, 고객 수 변화가 당장 나타나는 것은 아니므로 조금 더 지켜봐야 할 일이다. 그런데 이상하게도 고객 수가 줄어들지 않았는데 매출이 늘어나지도 않았다는 것이다. 단순 계산상으로라면 모든 메뉴를 1,000원씩 올리면 고객 단가가 1,000원이 오르고 월 매출도 800~900만 원 정도 올라야 한다. 그런데 매출이 아무런 움직임이 없었다.

단순 계산상으로라면 모든 메뉴를 1,000원씩 올리면 고객 단가도 1,000원이 올라야 한다. 그런데 실제로는 고객 단가가 더 줄어들었다. 그 이유는 고객 수가 줄어들지는 않았지만, 고객들이 메뉴 선택하는 비중이 달라졌기 때문이다. 가격 인상으로 인해 방문 고객들이 조금 더 싼 메뉴를 선택했고 고객 단가는 오히려 더 하락하게 되었다. 단가 상승으로 인해 저가 메뉴 선호도가 높아졌다. 점심특선 B 메뉴가 15,000원일 때는 매력적이었는데 16,000원으로 인상되고 나니 가격 저항선을 넘지 못하고 고객들이 점심특선 A를 선택했다. 점심특선 B의 공헌비율이 낮아지면서 고객 단가 상승효과가 떨어졌다. 가격을 올리면서 기대한 것은 고객 단가가 21,800원이 되는 것이었다. 그런데 오히려 300원이 더 떨어졌다. 고객 단가 300원이 적은 돈 같아 보이지만 실제로는 그렇지 않다. 300원 × 8400명 = 240만 원이다. 300원의 고객 단가가 한 사람의 인건비를 차지한다. 세세하게 숫자를 보면서 아주 작은 차이라도 놓치지 않고 고객 단가에 반영하기 위해 애쓰는 이유다.

박노진의 식당 공부

재료비 확인은 필수다

대다수 사장님은 매출 증가를 기대한다. 사실, 엄밀히 말하자면 매출 증가보다는 수익 증가를 기대한다. 음식점을 잘 경영하려면 매출을 올리는 것만큼 원가절감에 신경써야 한다. 그러나 어느 정도 규모가 되기 전까지는 원가절감의 의미를 크게 느끼지 못하는 것이 사실이다. 100만 원을 쓰는 집에서 원가 1%를 아끼면 1만 원이다. 1,000만 원을 쓰는 집이라 해도 10만 원이다. '더 벌고 말지'라는 생각을 하기 쉬울 수도 있다. 그러나 이건 착각이다. 원가 10만 원 절감은 단순히 10만 원이 아니었다. 그 10만 원을 벌기 위해서는 1,000만 원 이상의 매출을 올려야만 했기 때문이다.

내실을 다지는 가게가 되기 위해서는 원가절감을 위한 분석을 시작해야 했다. 내실이라는 것은 번 만큼 내 주머니에 수익을 남긴다는 뜻이다. 어느 정도까지의 매출이 잡히면 재료의 손실이 줄어들어 원가는 자연스럽게 잡혔다. 어디선가 자꾸 새어나간다는 느낌이 들면 원가에 대한 고민을 다시금 하곤 했다. 길게 가기 위해서라도 적정원가를 찾아내고 수익구조를 바로 잡아야 했다.

물론 매번 원가를 계산하고 따지지는 않았다. 재료비 구매 범위가 매출의 일정 비율을 넘기지 않는다면 큰 문제가 없다고 생각하고 넘어갔다. 무엇보다 이 비율을 아는 것이 중요했다. 그래서 재료비의 비율을 알아야

숟가락 만상 마·실 메뉴구성표

구분		점심A (11,900원)	점심B (16,000원)	점심특선C (20,000원)	기본정식 (16,000원)	겨울정식 (21,000원)	참조은정식 (26,000원)	귀한정식 (31,000원)	스페셜 (36,000원)
품번	분류								
1	앞요리 1차	까만종묵	까만종묵	까만종묵	까만종묵	까만종묵	까만종묵	까만종묵	까만종묵
2		봄의정원 셀러드	봄의정원 셀러드	봄의정원 셀러드	봄의정원 셀러드	봄의정원 셀러드	봄의정원 셀러드	봄의정원 셀러드	봄의정원 셀러드
3		복어미역국	복어미역국	복어미역국	복어미역국	복어미역국	복어미역국	복어미역국	복어미역국
4		미나리전	미나리해물전	미나리해물전	미나리해물전	미나리해물전	미나리해물전	미나리해물전	미나리해물전
5		소고기들록잡채	소고기들록잡채	소고기들록잡채	소고기들록잡채	소고기들록잡채	소고기들록잡채	소고기들록잡채	소고기들록잡채
6		빛꽃생선구이	빛꽃생선구이	빛꽃생선구이	빛꽃생선구이	빛꽃생선구이	빛꽃생선구이	빛꽃생선구이	빛꽃생선구이
7							미/유자청	미/유자청	미/유자청
8								새 역삼	새 역삼
9		꽃발냉채	꽃발냉채	꽃발냉채	꽃발냉채	꽃발냉채	꽃발냉채	꽃발냉채	꽃발냉채
10	메인요리 1~1.5차	약선보쌈(1×3)	약선보쌈(1×3)	약선보쌈(1×3)	약선보쌈(1×5)	약선보쌈(1×3)	약선보쌈(1×3)	약선보쌈(1×3)	약선보쌈(1×3)
11			갈비찜(1×3)	갈비찜(1×3)		마실떡갈비	치즈낙지/언어를	마실떡갈비	갈비찜(1×3)
12			or	or		갈비찜(1×3)		갈비찜(1×3)	한우육회
13			치즈낙지	or			한우육회	한우육회	마실떡갈비
14				치즈낙지			홍어회/언어회		치즈낙지
15									홍어회/언어회
16									
17	식사 2차	감자호박 된장전골	감자호박 된장전골	감자호박 된장전골	감자호박 된장전골	감자호박 된장전골	감자호박 된장전골	감자호박 된장전골	감자호박 된장전골
18		검은콩 흑미밥	검은콩 흑미밥	검은콩 흑미밥	검은콩 흑미밥	검은콩 흑미밥	검은콩 흑미밥	검은콩 흑미밥	검은콩 흑미밥
19		계절나물1	계절나물1	계절나물1	계절나물1	계절나물1	계절나물1	계절나물1	계절나물1
20		계절나물2	계절나물2	계절나물2	계절나물2	계절나물2	계절나물2	계절나물2	계절나물2
21		계절나물3	계절나물3	계절나물3	계절나물3	계절나물3	계절나물3	계절나물3	계절나물3
22		계절나물4	계절나물4	계절나물4	계절나물4	계절나물4	계절나물4	계절나물4	계절나물4
23		배추김치	배추김치	배추김치	배추김치	배추김치	배추김치	배추김치	배추김치
25	후식	복분자차	복분자차	복분자차	복분자차	복분자차	복분자차	복분자차	복분자차

2020년 봄 메뉴 1인 원가 구성표(2월 11일 입고가 기준)

품번	메뉴 명	점심A	점심A	점심B	점심C	기본정식	마실정식	참조은정식	귀한정식	스페셜정식
	소비자가격	9,900	11,900	16,000	20,000	16,000	21,000	26,000	31,000	36,000
	1인 추정원가(32~35%)	3,465	4,165	4,800	6,000	4,800	6,300	7,800	9,300	10,800
1	까만종묵		55	55	55	55	55	55	55	55
2	봄의정원셀러드	651	651	651	651	651	651	651	651	651
3	복어미역국		80	80	80	80	80	80	80	80
4	미나리해물전		164	201	201	201	201	201	201	201
5	소고기나물잡채	327	327	327	327	327	327	327	327	327
6	빛꽃생선구이	696	696	696	696	696	696	696	696	696
7	꽃발냉채	317	317	317	317	317	317	317	317	317
8	참아							110		
9	참아+새역삼								660	660
10										
11	약선보쌈(1×3)	785	785	785	785	1169	785	785	785	785
12	치즈낙지볶음							1153		1153
13	마실떡갈비				#REF!			1208	1208	1208
14	시래기갈비찜(1×3)			1725	1725		1725	1725	1725	1725
15	한우육회(140g)							1600	1600	1600
16	홍어회(1×2)								1200	1200
17	감자호박된장전골	270	270	270	270	270	270	270	270	270
18	검은콩흑미밥	111	111	111	111	111	111	111	111	111
19	나물	19	19	19	19	19	19	19	19	19
20	근대나물	38	38	38	38	38	38	38	38	38
21	킴리플라워 나물	59	59	59	59	59	59	59	59	59
22	김장아찍	30	30	30	30	30	30	30	30	30
23	배추김치	31	31	31	31	31	31	31	31	31
24	복분자차	79	79	79	79	79	79	79	79	79
	총1인단가(원)	3,413	#REF!	5,474	#REF!	4,133	#REF!	8,337	10,142	11,295
	1인 추정원가(32~35%)	3,465	4,165	4,800	6,000	4,800	6,300	7,800	9,300	평균원가 10,800
	식재료 비율%(메뉴구성식)	34.5	#REF!	34.2	#REF!	25.8	#REF!	32.1	32.7	31.4 #REF!

박노진의 식당 공부

했다. 알지 못하면 매번 이게 적정수준인지 판단할 방법이 없었다. 대신 매달 새로운 메뉴를 개발할 때는 반드시 재료비를 산정하고 원가율을 따졌다. 마실의 경우 새로운 계절이 올 때마다 전체 상차림을 바꾸었다. 이 때는 상차림 전체에 대한 원가율을 다시 점검했다. 원가율 산정이야말로 메뉴 개발의 중요한 과정 중 하나였다.

대개 한정식의 재료비 산정은 2단계로 진행된다. 단품의 원가를 구하고 그 각각을 더해 상차림별 원가를 계산하는 방식이다. 마실정식은 궁중떡잡채와 해물냉채, 약선보쌈, 마실떡갈비, 시래기갈비찜 등 총 18개의 음식을 제공했다. 우선 각각의 음식에 대한 1인분의 단가를 먼저 산정했다. 그리고 이 각각을 더해 상차림별 원가를 계산했다. 이 과정에서 메뉴별 원가율이 어느 정도 되는지 자동으로 계산되어 나오곤 했다.

마실 메뉴의 원가율은 22~37% 사이에 있었다. 전체 메뉴의 평균 원가율은 33% 정도였다. 새로운 메뉴를 개발하거나 상차림을 바꿀 때도 원가율은 이 범위를 벗어나지 않도록 조정했다. 판매 비중을 감안해서 최적으로 조정이 된 원가였다. 마실에는 원가율이 37%나 되는 스페셜플러스라는 메뉴가 있다. 한정식은 재료비만큼 인건비가 많이 들어가기 때문에 전체 원가율이 이렇게 높다면 문제가 될 수 있다. 하지만 스페셜플러스 메뉴의 경우 판매 비중이 높지 않았다. 또한, 전략적으로 만든 상품이기 때문에 이 정도의 원가율도 나쁘지 않다고 생각했다.

우리 가게 고객 수와 고객 단가 확인하기

포스 데이터를 참고해 최근 1년간의 고객 수와 고객 단가를 확인해 보자. 다시 한번 강조하지만, 이때 주의할 점은 의미 있는 고객 수를 어떻게 파악하느냐이다. 실제 방문 고객 숫자 파악이 가능하다면 포스에 고객 수를 별도로 입력해 놓고 확인하거나 마실처럼 의미 있는 메뉴의 주문 수량의 합으로 고객 수를 파악할 수도 있다. 인당 주문이 아니라 테이블당 주문이 이뤄지는 경우 방문 테이블 숫자를 고객 수로 환산하기도 한다는 점을 참고하자. 매출과 고객 수는 포스 데이터를 참고해서 기록하고, 매출을 고객 수로 나눠 고객 단가를 환산하면 된다.

	월 매출	고객 수	고객 단가
1월			
2월			
3월			
4월			

5월			
6월			
7월			
8월			
9월			
10월			
11월			
12월			
평균			

우리 가게 매출 증가 포인트 점검하기

우리 가게 매출을 정리해 보면 어떤 흐름을 타고 어떤 시기에 어떤 어려움을 겪었는지 한눈에 보인다. 비정상적으로 높은 매출을 기록한 달이나 눈에 띄게 낮은 달에는 어떤 일이 있었는지 정리해 보자. 특별히 매출이 올랐던 시기에 우리 매장이 잘했던 것, 그때 우리 가게를 채워주던 손님들이 어떤 사람들인지 정리해 보자. 거기에 우리 가게 매출을 끌어올릴 수 있는 돌파구가 숨어 있다.

	시점	매출 변동 내용	증가/감소 원인
매출 증가/감소 포인트 1			
매출 증가/감소 포인트 2			
매출 증가/감소 포인트 3			
매출 증가/감소 포인트 4			
매출 증가/감소 포인트 5			

밥상편지

식당의 한 벽면이 꽃으로 가득했다. 테이블보의 작은 꽃무늬, 식당 곳곳을 장식한 다양한 종류의 식물들, 심지어 쌈 채소들을 키우는 수경재배 코너까지 일관된 메시지가 식당 안을 흐르고 있었다. '꽃을 사랑하자. 꽃길을 걷자. 꽃보다 아름다운 나를 사랑하자.' 문득 뇌리에 떠오른 것은 사진을 찍을 때면 항상 꽃가지를 들고 있는 우리네 어머니들 특유의 모습이었다. 그렇다. 이곳 식당의 목표는 그렇게도 분명했다. 40~50대의 아주머니들이 모여 삼삼오오 수다를 떨 수 있도록 좁지도 그렇다고 크지도 않은 식당이지만 테이블 배치가 눈에 띄게 여유 있었다. 종업원들의 동선은 물론, 고객들을 위한 배려라고 했다. 목청 높은 아주머니들의 목소리가 상상 속에서도 선명했다. 고개가 끄덕여졌다.

하지만 이곳을 특징 짓는 가장 큰 이벤트는 따로 있었다. 바로 식당에서는 생각하기 힘든 연주회를 한다는 것이다. 클래식 연주자들을 불러 이문세의 노래를 연주한다. 어느 날은 트로트를 연주했는데 아주머니들이 일어나 춤을 추었다고 한다. 나도 모르게 웃음이 나왔다. 모두를 위한 이벤트는 아닐 것이다. 아직도 앳된 모습이 남아 있는 젊은 사장님의 감각이 놀라워 보였던 건 바로 그 지점이었다. 자신의 기호보다는 고객을 이해하려는 모습, 겉멋이 아닌 '진짜 장사'를 하는 상인의 모습을 만난 건 바로 그 지점이었다.

'청년' 자가 들어간 식당은 가지 않는다는 격언이 있다. 겉멋을 부리는 젊은 사장님들을 빗댄 말일 것이다. 장사가 장난인가 하는 준엄한 메시지도 함께 들어있었다. 모두가 그렇지는 않을 것이다. 하지만 손님이 아닌 자신의 기호나 감각이 과하다 보면 문제가 생기곤 한다. 그러나 이곳 한정식집 '밥상편지'의 주인에게선 그런 겉멋을 부린 모습은 찾아보기 힘들었다. 시종일관 진지했다. 고객을 이해하려는 진정이 있었다. 군대를 제대하자마자 바로 뛰어든 외식업, 그 오랜 경험이 이와 같은 교훈을 그에게 주었을 것이다. '철저히 고객을 이해하라. 그들의 마음을 읽어라.' 밥상편지라는 이름조차 예사로이 들리지 않은 건 그 때문이었다.

밥상이라는 말과 편지라는 말이 생뚱맞은 조합처럼 느껴진 건 잠깐이었다. 모든 것을 40~50대의 요구에 맞춘다면 옳은 선택이었다. 시대의 정서가 살아있는 말이었다. 요즘 세대는 '편지'라는 말이 가진 아날로그적 감성을 떠올리기 쉽지 않을 것이다. 한땀 한땀 정성 들여 쓴 손글씨를 본다면 멋진 캘리그라피(calligraphy)를 먼저 떠올릴 것이다. 하지만 이 식당이 목표로 하는 아주머니들의 정서는 선명하다. 그 시대의 감성이 충만한 네이밍이었다.

하지만 그 감성이 그저 이름에만 머물렀다면 무척이나 단조로웠을 것이다. 실제로 이 식당에서는 편지를 쓰는 이벤트를 진행하고 있었다. 소중한 사람에게 엽서를 보내는 이벤트다. 얼마나 참여하는지보다 중요한 것은 식당 전체에 흐르는 일관된 메시지다. 목표 고객이 명확하니 콘셉트가 선명해진다. 콘셉트가 선명해지니 이벤트의 내용까지 분명해진다. 이 식당의 목표는 오직 한 가지 40~50대 고객들의 정서적 만족을 충만하게 채우는 것에 맞춰져 있었다.

메뉴의 구성 역시 멋보다는 푸짐함이었다. 5인이 와서 4인 상을 요구하는 배짱은 이 세대만의 특징이다. 각각의 단품 메뉴에 열광하는 20대 고객들은 상상도 못 할 일이다. 하지만 밥상편지는 넉넉한 자리 배치만큼이나 상차림도 풍요로워 보였다. 그래서 메뉴명도 '한상차림'이다. 못 먹고 못 입던 시대를 묵묵히 지나온 세대, 먹는 것에서만큼은 풍성함에 목마른 세대, 나는 고객의 요구를 정확히 읽어내는 이 젊은 사장님의 내공이 하루 이틀에 만들어진 것이 아님을 온몸으로 느끼고 있었다.

식당 브랜딩의 핵심은 문제 해결이다. 사람들의 가려운 곳을 시원하게 긁어주는 것이다. 이 원칙은 어디에도 통용된다. 심지어 한 끼 식사를 해결하는 식당에서도 적용된다. 40~50대의 여성 고객들이 원하는 것이 '맛'만은 아닐 것이다. 그들에게 필요한 것은 '정서적 허기'를 달래는 것이다. 한 마디 쉬운 말로 수다를 떨 수 있는 곳이다. 집안에서 겪었을 온갖 상념과 스트레스에서 벗어나고 싶은 것이다. 그러니 집밥과는 달라야 한다.

한턱내는 푸짐함이 생명인 이유도 이 때문이다. 그저 허기를 달래기 위해서라면 언제나 외로이 해결했을 찬밥 한 공기로도 충분할지 모른다. 하지만 좋아하는 사람과 웃고 떠들 수 있는 여유, 한턱의 기쁨, 거기에 더해 좋아하는 음악을 듣고 춤까지 허용되는 공간이라면 3층에 있더라도 대수일까? 그들은 이곳 식당을 기꺼이 찾아올 것이다. 아니 이미 찾아오고 있었다. 개업한 지 이제 1년이지만 식당의 매출은 꾸준히 오르고 있다고 했다. 자리를 잡은 식당 특유의 여유로움이 느껴진 건 바로 그 때문이었다.

식당은 많다. 하지만 마음의 허기까지 달래주는 식당을 찾기란 여간 어려운 일이 아니다. 허기를 달래고 배를 채우는 것이 전부라면 이런 고민은 아마도 사치스러운 것이리라. 하지만 식당 역시 마음을 읽을 수 있어야 한다. 수경재배를 통해 나오는 채소의 양은 제한적일 수밖에 없다. 하지만 싱싱하게 자라는 채소의 모습을 보여주는 것만으로도 싱싱함을 강조하는 메시지는 충분히 전달될 것이다. 연주회를 하는 날은 한 달에 한 번 정도나 될까 말까. 그래도 소문은 다시 사람을 부르는 법이다. 이곳 인천 송도에서 연주회를 하는 식당은 아마 이곳뿐일 것이다. 그 유일함이, 독특함(유니크함)이 이 식당이 가진 가장 큰 무기이다. 많은 이들이 식당을 준비할 때 메뉴와 입지를 고민한다. 문제는 그것만 고민한다는 것이다. 누구나 던질 수 있는 질문은 같은 답을 도출하기 마련이다. 고객을 이해하고, 그들의 요구를 파악하고, 그에 걸맞은 개념을 도출한 후 일관된 메시지를 전달하는 것이 식당 브랜딩의 알파요 오메가, 즉 모든 것이다. 차별화가 시작되는 것은 바로 이 지점이다. 차별화가 어려운 것은 이 과정을 송두리째 무시하기 때문이다. 그러나 첫 출발의 미세한 차이가 큰 차이를 만들어낸다. 한정식집 '밥상편지'는 그 사실을 누구보다도 잘 알고 있었다.

▲ 송도 맛집 밥상편지와 이종준 대표

PART 4

수익 창출의
법칙

손익 프레임을 발견하다

뒤로 밑지는 장사에서 벗어나는 법

음식 장사를 하다 보면 '앞으로 남고 뒤로 밑진다.'라는 오래된 통설이 있다. 분명 남는 장사를 했는데 막상 돈이 어디로 갔는지 자꾸만 빚이 늘어난다는 말이다. 이것은 대부분 돈 관리를 잘못해서 생기는 경우이다. 그렇다고 너무 돈 관리에 집착해서 돈을 아끼려 보면 오히려 손님이 떨어져 장사가 안되는 상황도 나타난다. 나는 손익 프레임을 통해 음식점의 매출과 비용 관리를 한눈에 알아볼 수 있도록 정리했다. 프레임이란 말은 서울대학교 최인철 교수님의 책 <나를 바꾸는 심리학의 지혜, 프레임>에서 의미를 따왔다. 흔히 마음가짐 정도로 생각하는 프레임은 '창문이나 액자의 틀, 안경테'를 의미한다. 세상을 바라보는 마음의 창 정도로 생각하면 좋다. 이런 프레임의 뜻을 음식점의 손익계산에 접목해 손익프레임이라는 말을 사용했다.

[손익 프레임 = (재료비 + 인건비) / 매출 × 100]

우리가 식당을 하는 이유는 매출을 올리기 위해서가 아니라 수익을 남기기 위해서다. 하나라도 더 팔아보려고 애쓰고, 한 명이라도 더 오길 바라는 게 매출을 올리기 위한 전략 같지만, 사실은 모두 수익을 남기기 위한 것이다. 하나라도 더 팔아야 10원이라도 더 남는다고 생각하기 때문이다. 과연 그럴까? 파는 만큼 남고 있을까? 데이터 경영 수업을 듣던 어떤 대표님은 수익을 계산해 보고 깜짝 놀랐다. 분명 남는 장사라고 생각했는데 작정하고 지출한 비용들을 모두 모아 보니 알게 모르게 나가는 돈이 많았다. 앞으로 벌면서 뒤로 밑지는 장사를 계속하고 있던 것이다. 팔면 팔수록 손해 보는 장사인데 그것도 모른 채 하나라도 더 팔기 위해 입에 단내가 나도록 새벽부터 애쓰고 있었다. 파는 만큼 남겨야 한다. 그러기 위해서는 일정한 수익률을 유지해야 한다.

매출	100%	**핵심 포인트**
재료비	30~45%	1. 재료비 + 인건비 = 55~65% 내에 위치
인건비	20~35%	2. 관리비 = 22% 내외가 되도록 조절 　• 임차료(3%)　• 수도광열비(2%) 　• 부가세(5%)　• 공과금(3%) 　• 경비(4%)　• 감가상각 또는 금융비용(4%) 　• 복리후생비 및 수선비(2%)
관리비	20~25%	
소계	80~85%	3. 자금흐름과 일일분석을 함께하면 효율적인 관리가 　가능
순이익	15~20%	

　손익 프레임의 핵심은 인건비와 식자재비를 합쳐 매출 대비 55~65% 사이에서 유지되도록 관리하는 것이다. 인건비가 25%이면 재료비는 30%에서 최대 40% 정도까지는 용인될 수 있다. 가능하면 이보다 더 적게 투입되어야 수익이 발생한다. 임차료와 기타 비용을 합쳐 20% 안팎의 지출을 한다고 보면 매출과 관계없이 이 손익 프레임에서는 안정적인 15% 내외의 이익을 낼 수 있다. 예를 들어 월 매출이 1억에 재료비가 40%인 4,000만 원이 들었다면 인건비는 최대 25%인 2,500만 원 이내로 맞춰야 한다. 일반경비와 임대료, 세금 등을 다 포함해도 대부분 20~25% 이내에서 해결할 수 있으므로 순이익이 15% 선을 유지할 수 있도록 하는 구조다.

〈업종별 적정 재료비〉

　손익 프레임 안에서 재료비와 인건비의 비중을 어떻게 조정해야 할지는 가게마다 다르다. 크게 업종별로 보자면 고깃집은 인건비보다 재료비가 많이 들어간다. 한정식이나 일식 같은 경우는 재료비만큼 인건비가 많이 드는 업종이다. 실제로 인건비와 식자재를 합쳐 65%를 넘어서게 되면 다른 비용도 추가로 지출되는 경우가 많아 적자 상태가 될 수 있으니 주의해야 한다. 제대로 된 수익을 남기기 위해서는 손익 프레임이 55~65% 사이에 있어야 한다. 매출 대비 재료비가 32%라면 인건비는 22~33% 사이를 유지해야 한다. 그 이상이 되면 제대로 된 수익을 남기기 어렵다. 재료비와 인건비를 한꺼번에 묶어서 손익 프레임을 설명하는 이유는 업종에 따라 재료비와 인건비의 비중이 차이가 나기 때문이다. 고깃집의 경우 재료비가 인건비보다 높고 한정식과 같이 손이 많이 가는 업종의 경우 인건비가 재료비만큼이나 많이 든다. 마실의 경우 재료비와 인건비의 비율이 60%±2% 정도로 유지한다. 그래야 최종 수익률을 15~20% 선에 맞출 수 있기 때문이다.

매출	100%
재료비	30~40%
인건비	25~30%
재료비 + 인건비	55~65%
순이익	15~20%

비용과 매출의 갈림길에서

비용 절감과 매출 증가는 양립할 수 있을까? 전에는 비용 절감과 매출 증가는 양립할 수 있다고 썼다. 하지만 데이터가 쌓이면서 이 둘의 양립이 어렵다는 것을 깨닫게 되었다. 전에는 매출 증가에 따른 추가 비용으로 재료비 정도를 생각했는데 이제는 인건비도 함께 고려해야 하는 상황이 됐다. 만약 제대로 된 시스템이 갖춰진다면 양립할 수도 있으리라 생각한다. 이론상으로는 그런데 실제 구현이 쉽지는 않다. 그래서 일단은 양립하기 어렵다고 해 놓고 시뮬레이션해 보자.

우리 가게 현재 상황

매출	60,252,500	
재료비	16,842,500	28.0%
인건비	17,967,500	29.8%
개인지출	-	0.0%
일반관리비	12,403,215	20.6%
수익	13,039,285	
수익률	21.6%	
수익 프레임	57.8%	

수익 시뮬레이션

매출	70,252,500	
재료비	19,637,820	28.0%
인건비	22,967,500	32.7%
개인지출	-	0.0%
일반관리비	12,403,215	17.7%
수익	15,243,965	
수익률	21.7%	
손익 프레임	60.6%	

이 매장의 경우 현재 매우 안정적인 수익구조를 갖추고 있었다. 손익 프레임도 57.8%로 안정적이었고 수익률이 무려 20%나 됐다. 가게 사장님은 매출을 1,000만 원 정도만 더 올리고 싶다고 했다. 매출이 올랐을 경

박노진의 식당 공부

우를 가정해서 시뮬레이션했다. 이때 매출 1,000만 원 정도를 올리려면 직원을 1.5명 정도를 더 써야 한다는 결과가 나왔다. 주방 공간이 좁아지고 매장을 지하까지 써야 하므로 직원들 효율이 떨어지기 때문이었다. 매출 1,000만 원을 올리기 위해 인건비 500만 원이 추가로 지출되는 구조가 됐다. 또한, 매출 증가에 다른 재료비의 자연증가분도 반영해야 했다. 최종 증가 수익은 220만 원 정도였다. 가게 사장님은 1,000만 원 올려서 220만 원 수익이 오르는 정도라면 지금 상태가 안정적이라고 판단했다. 천만 원의 매출을 올리기 위해서는 매일 전쟁같은 일상을 보내야 한다고 했다. 욕심내지 않고 이 상태만 유지할 수 있어도 만족스럽다고 했다.

마실도 2015년 리뉴얼 전이 지금보다 매출은 적었지만, 수익률은 더 높았다. 매출은 지금보다 10~20% 정도 낮은 수준이었지만 수익이 더 많이 남았다. 실제 수익구조와 손익 프레임도 안정적이었다. 어쩔 수 없는 인건비 인상분과 함께 리뉴얼을 하면서 작업 동선이 조금 복잡해졌다. 조금씩 개선해 지금은 수익구조가 리뉴얼 전보다 좋아졌다. 하지만 매출 증가가 무조건 좋은 것도 아니고, 쉽게 이루어지는 것은 더더욱 아님을 실감해야 했다. 올라간 매출만큼 수익으로 남기는 일은 더욱 섬세하게 접근해야 하는 일이었다.

수익 시뮬레이션이 중요한 이유는 수익 증가를 위해 필요한 것이 매출 증가인지 원가절감인지 미리 확인해 볼 수 있기 때문이다. 매출을 올리기 위해 직원을 더 써야 하는 상황이라면 매출 증가에 전혀 도움이 안 될 수도 있다. 직원들 만족도도 떨어지고 공간적인 한계 때문에 고객만족도도 급속도로 떨어지기 때문이다. 무조건 매출 증가를 목표로 할 것이 아니라 매출이 증대되었을 때 같이 향상되는 부대비용 등도 고려해야 한다. 우리 가게에서 소화할 수 있는 최적의 매출을 찾는 것을 목표로 해야 한다. 최대 매출이 항상 최고의 수익을 보장하지 않는다.

02

수익 증가가 먼저다

매출 증가보다 중요한 건 수익 증가이다

"식당을 왜 하시나요?" 식당을 운영하시는 사장님들께 기회가 될 때마다 종종 묻곤 한다. 대부분의 사장님은 같은 대답을 한다. "돈 벌려고 요!" 그렇다. 나도 돈을 벌려고 식당을 한다. 돈은 우리의 목적이 아니라 좋은 일을 하다 보면 자연스럽게 따라오는 것으로 생각해 보려고 하지만 모든 것은 결국 계산기와 맞물려 돌아가기 마련이다. 근사한 사명감과 더 큰 그림을 갖고 있더라도 돈을 벌지 못한다면 매우 어렵고 버거운 시간을 굳은 마음으로 견뎌내기란 쉽지 않다. 그만큼 식당 사장으로 산다는 것은 고된 일이다.

돈을 벌고 싶어서 식당을 하신다는 사장님들은 정말 돈을 벌고 있을 까? 식당을 해서 돈을 번다는 것은 어떤 의미일까? 식당에서 돈을 번다는 것은 매출에서 지출을 빼고 난 나머지를 의미한다. 아무리 많이 팔아도 그보다 지출이 많다면 그건 밑지는 장사다. 수익은 매출에서 비용을 빼고 난 나머지 금액이다. 실제 내 주머니에 남는 돈이라고 볼 수 있다. 매출이 잘못 집계되거나 비용이 빠지면 계산상으로는 수익이 남지만 실제로는 돈이 남지 않는 일도 있다. 장기적으로 볼 때 매출이 상승하는 구조보다 수익이 상승하는 구조가 더 좋다. 수익이 최소 5년 이상 꾸준히 상승 추세 를 보인다면 안정적이라고 볼 수 있다.

매출	60,252,500	
재료비	18,842,500	31.3%
인건비	19,967,500	33.1%
개인지출	-	0.0%
일반관리비	13,403,215	22.2%
수익	8,039,285	
수익률	13.3%	
손익 프레임	64.4%	

A 매장

매출	31,259,030	
재료비	10,157,238	32.5%
인건비	5,938,660	19.0%
개인지출	-	0.0%
일반관리비	6,637,991	21.2%
수익	8,525,141	
수익률	27.3%	
손익 프레임	51.5%	

B 매장

두 가게가 있다. 만약 당신에게 하나의 가게를 선택해서 운영하라고 한 다면 어느 식당을 선택할까? A 매장보다 B 매장의 수익률이 높으니 당연 히 B를 선택할 것이다. 겉으로 보기에 규모는 A가 나아 보일지 모른다. 하지만 실제적으로는 B 매장이 더 실속 있다. 적게 팔고도 많이 남는 수익 구조 덕분이다.

실제로 B 매장은 주 5일만 운영하는 매장이다. 사무실 중심 상권에 자리 잡고 있어 주말에는 문을 열어도 장사가 잘되지 않는다. 오히려 인건비가 더 많이 나가고 있다는 사실을 알고 과감하게 주말 장사를 접었다. 적게 일하고 더 많이 벌 수 있다면 마다할 이유가 없었다. 아니, 바보가 아니고서는 그것을 선택하는 것이 맞았다. 많이 일하고 적게 벌고 싶은 사람은 아무도 없다. 우리가 매출 증가를 위해 아등바등하는 이유는 매출 증가가 수익 증가를 보장해 줄 것으로 생각하기 때문이다. 하지만 실제로는 그렇게 돌아가지는 않는다. 수많은 변수 사이에서 매출이 절대적인 영향을 미치는 것이 사실이지만, 매출이 많은데도 수익이 적은 가게들이 주변에 너무 많다.

식당 운영에 있어서 매출 증가보다 중요한 것은 수익 증가이다. 매출이 높아도 수익이 남지 않는다면 아무런 의미가 없다. 오히려 분주한 가게를 운영하느라 몸만 더 고되다. 아무리 많은 돈을 번다고 해도 실제로 돈이 남지 않는다면 아무런 소용이 없다. 가게 사장님들이 하루에도 수십 개의 고민을 안고 사는 이유도 매출을 올리는 것이라기보다는 수익 증가 때문이다. 기억하자! '많이 파는 게 중요한 게 아니라 많이 남기는 것이 목표다.' 매출보다 수익이 중요하다. 잘못된 수익구조 속에서는 많이 팔면 팔수록 손해가 날 수도 있다. 일은 일대로 하고 내 주머니에 돈은 한 푼도 제대로 남기지 못해서는 안 된다. 매출 증가를 위해 애쓰는 것만큼 우리 가게에 맞는 수익구조를 잡는 것이 중요하다.

매장에 맞는 수익 증가 전략은 따로 있다

수익은 매출에서 총지출비용을 빼고 남은 금액이다. 결국, 수익을 올리기 위해서는 매출을 올리거나 비용을 줄여야 한다. 매출을 늘리기 위해 애쓰는 것도 비용을 줄이는 것도, 결국 수익을 늘리기 위한 전략이다. 어떤 것이 우리 가게 수익을 올리는데 더 효과적인지는 매장 상황에 따라 다르다. 몇 가지 사례를 살펴보자.

① 매장에 맞는 매출을 달성해야 하는 경우

매출	55,227,750	
재료비	16,888,404	30.6%
인건비	13,257,501	24.0%
개인지출	-	0.0%
일반관리비	24,289,385	44.0%
수익	792,460	
수익률	1.4%	
손익 프레임	54.6%	

매출	71,796,075	
재료비	21,954,925	30.6%
인건비	13,257,501	18.5%
개인지출	-	0.0%
일반관리비	24,289,385	33.8%
수익	12,294,264	
수익률	17.1%	
손익 프레임	49.0%	

→ 매출 30% 증가

홀과 배달을 동시에 운영하는 매장이다. 재료비와 인건비의 비율은 적절하다고 생각했는데 의외로 일반관리비가 너무 많이 들어 수익이 거의 나지 않는 상황이다. 손익 프레임만 보자면 오히려 55%에 조금 못 미치는 수준이다. 강남의 8차선 대로변에서 골목으로 조금 벗어나 있기는 하지만 강남의 임대료는 어디든 생각 그 이상이다. 게다가 사무실 중심 상권이다 보니 휴일에는 거의 매출이 반 토막이 났다. 저녁 식사는 회전율이 낮아 1회전 이상을 하지 못하고 있었다. 이렇게 일반관리비가 높은 경우 지속적인 매출 증가를 위해 고민을 해야 한다. 대부분의 임대료는 임차인 마음대로 조정할 수 있는 부분이 아니다. 여름철 에어컨이나 겨울철 히터도 손님이 있든 없든 계속 틀어놔야 한다. 불필요한 지출이 없는지 다시 한번 살펴보고 임대료 등의 조정 불가능한 고정비가 높은 경우에는 무조건 매출을 높여 일반관리비의 비중을 줄여야 한다.

이 매장은 크기와 위치, 시장 상황보다 매출이 너무 낮은 경우다. 만약 매장이 포화상태라면 배달 매출을 늘리는 방향으로 고민을 해서라도 매출을 끌어올려야 한다. 매출이 30% 올라가면 17.1% 정도의 수익이 난다. 단, 인건비와 일반관리비의 상승 없이 매출 증가를 이뤄내야 하는 조건이다. 재료비는 매출이 늘어나면 자연스럽게 같이 증가할 수밖에 없다. 재료비를 제외하고는 추가 지출 없이 매출 증가를 이뤄내야 한다. 여전히 일반관리비가 높은 상태이긴 하지만 일단 안정적으로 수익이 나는 상황에서는 다양한 시도를 해 볼 수 있다. 이 상태에서 매출만 끌어올리면 직원들의 불만이 늘어날 수도 있다. 매출이 어느 정도 안정적으로 올라서면 일반관리비의 비율은 더 줄여야 한다. 대신에 재료비와 인건비를 좀 더 올려 고객과 직원 만족에 관한 고민을 해야 한다.

② 인건비를 줄여야 하는 경우

매출	42,741,920	
재료비	13,047,449	30.5%
인건비	17,337,908	40.6%
개인지출	-	0.0%
일반관리비	11,044,308	25.8%
수익	1,312,255	
수익률	3.1%	
손익 프레임	71.1%	

매출	42,741,920	
재료비	13,047,449	30.5%
인건비	12,000,000	28.1%
개인지출	-	0.0%
일반관리비	11,044,308	25.8%
수익	6,650,163	
수익률	15.6%	
손익 프레임	58.6%	

→ 인건비 감소

면류를 판매하는 매장의 수익구조다. 이번 달에는 아주 조금 수익이 나긴 했지만, 실제로는 지속적인 마이너스 수익을 기록하고 있던 매장이다. 비용구조를 살펴보면 재료비가 30.5%, 인건비가 40.6%다. 손익 프레임이 71.1%나 된다. 면류를 판매하는 업장이므로 재료비를 조금 줄여도 되겠다는 생각이 들기도 하지만 그보다 심각한 것은 매출보다 인건비가 지나치게 높은 상황이다. 특히 면을 판매하는 경우 조리 형태가 간단하기 때문에 인건비를 30% 미만으로 줄여야 한다. 재료비와 일반관리비를 그대로 둔 채 인건비만 530만 원 정도를 줄였다. 그만큼 고스란히 수익으로 반영되어 수익이 15% 정도 나는 구조로 바뀌었다.

530만 원 정도를 줄이자면 실제로 일손이 2명 정도는 줄어든다. 쉽지 않은 일이다. 인건비가 높은 데는 여러 가지 원인이 있을 수 있다. 직원들을 효율적으로 관리하지 못해 근무시간에 놀고 있는 손이 많을 수 있다. 혹은 직원도 나름대로 쉴 틈 없이 움직이는데 업무 동선이 비효율적이어서 움직이는 만큼 일을 많이 처리하지 못하는 예도 있다. 업무가 비효율적인 상태에서 무조건 손익 프레임을 맞춘다고 인원을 줄여 놓으면 남은 직원들에게 부하가 걸린다. 문제를 파악했다고 단순하게 접근하는 것이 아니라 인건비를 줄이기 위해 기존 업무를 어떻게 효율화시켜야 할지 먼저 고민해야 한다. 순차적으로 인건비를 줄여나가려는 노력이 필요하다.

③ 재료비를 줄여야 하는 경우

매출	30,415,500	
재료비	11,531,102	37.9%
인건비	9,778,183	32.1%
개인지출	-	0.0%
일반관리비	8,647,752	28.4%
수익	458,463	
수익률	1.5%	
손익 프레임	70.1%	

매출	30,415,500	
재료비	8,531,102	28.0%
인건비	9,778,183	32.1%
개인지출	-	0.0%
일반관리비	8,647,752	28.4%
수익	3,458,463	
수익률	11.4%	
손익 프레임	60.2%	

→ 재료비 10% 감소

직원 복지를 매우 중요하게 생각하시는 사장님이다. 전 직원이 정직원이고 4대 보험과 퇴직연금도 모두 가입된 상태였다. 매장은 휴무일이 없었고 직원들은 월 6~8회씩 휴일이 있었다. 인건비가 보통 가게들보다 높을 수밖에 없었다. 이 인건비를 산출하는데 사장님 월급은 포함되어 있지 않은 수치라니 더욱 놀라웠다. 그렇다면 사장님이 가져가는 돈은 기껏해야 수익으로 남는 45만 원 정도다. 다른 데 가서 하루 몇 시간씩만 아르바이트해도 이보다는 조금 더 넉넉한 생활을 할 텐데 말이다. 그런데도 우리는 이 매장을 키우기 위해 입술 터져가면서 고민하고 있다. 열정페이도 이런 열정페이가 없었다.

이 매장의 더 큰 문제는 재료비였다. 재료비 비중이 무려 37.9%에 달했다. 그러다 보니 손익 프레임이 70%까지 올라갔다. 직원들에게 애정이 있는 만큼 손님들에게도 애정이 있어서 늘 최상의 재료비를 고집했다. 고객들이 맛으로는 알아차릴 수 없는 부분까지 세심하게 신경을 썼다. 유통기한이 아니라 사장님의 기준에 성이 차지 않는 식자재들은 가차 없이 처분했다.

직원들을 아끼고 손님들을 사랑하는 사장님의 마음은 백번 이해하고도 남지만 이대로 손해를 보면서 장사를 할 수는 없다. 이대로라면 장사가 잘되면 잘될수록 손해를 보게 된다. 현재 상태에서 재료비를 10% 이상 줄여야 한다. 재료의 모든 부분을 최상급으로 고집할 것이 아니라 우리 가게를 대표할 수 있는 1~2개의 메뉴에만 포인트를 두고 최고로 만들

박노진의 식당 공부

어내면 된다. 그런 대표 메뉴들은 재료비 비율을 조금 높게 잡아도 된다. 또한, 버려지는 식자재가 많아서 재료비의 비중이 높다면 더욱 적극적으로 해결해야 한다. 식자재를 활용할 수 있는 신메뉴들을 개발해서 재료비를 줄여나가려는 노력이 필요하다. 신선도가 중요한 재료라면 구매주기를 조금 더 짧게 가져가는 것도 방법이다. 한꺼번에 10일 치를 사면 10% 정도 비용을 절약할 수 있지만, 그렇게 구매해서 일주일 정도밖에 사용하지 못하고 버린다면 오히려 비용을 낭비하게 되는 것이다. 버려지는 것이 얼마나 되는지 확인하고 구매주기를 조정하는 것도 좋다.

매출	30,415,500	
재료비	11,531,102	37.9%
인건비	9,778,183	32.1%
개인지출	-	0.0%
일반관리비	8,647,752	28.4%
수익	458,463	
수익률	1.5%	
손익 프레임	70.1%	

매출	39,540,150	
재료비	14,990,433	37.9%
인건비	9,778,183	24.7%
개인지출	-	0.0%
일반관리비	8,647,752	21.9%
수익	6,123,782	
수익률	15.5%	
손익 프레임	62.6%	

→ 매출 30% 향상

인건비도 식자재도 줄일 수 없다면 매출을 끌어올리는 것도 고민해 볼 수 있다. 매출을 끌어올려 아끼는 마음으로 최상급으로 구매한 식자재를 남김없이 모두 사용할 수 있다. 직원들 효율 또한 200% 이상으로 끌어올릴 수 있다면 더할 나위 없이 좋다. 매출을 30%까지 끌어올린다면 재료비를 현재 37.9%로 유지하더라도 매출이 올라가면서 인건비와 일반관리비의 비중이 줄어든다. 재료비를 넉넉하게 쓰고도 600만 원 이상의 수익이 남는다. 손익 프레임을 62% 내외로 맞출 수 있다면 수익을 15% 내외(약 600만 원)로 낼 수 있다. 매출을 끌어올리는 것과 재료비를 조정하는 것 중 어떤 것이 가게에 더 도움이 되고 실현 가능한지 사장님의 선택에 달려 있다.

④ 수익률이 너무 높은 경우

매출	165,875,500	
재료비	54,693,708	33.0%
인건비	24,230,490	14.6%
개인지출	-	0.0%
일반관리비	34,922,969	21.1%
수익	52,028,333	
수익률		31.4%
손익 프레임		47.6%

놀랍게도 한정식 매장의 수익구조다. 놀랍다고 하는 이유는 앞에서도 이야기했듯이 한정식은 재료비만큼 인건비가 많이 들어가는 업종이다. 그런데 이 매장의 인건비는 15% 내외다. 매출은 마실과 비슷한데 인건비가 그 절반 수준이다. 고객 수도 고객 단가도 마실과 비슷하다. 직원들이 불만 없이 일을 잘하고 있고 안정적으로 운영이 되고 있다면 직원 관리

박노진의 식당 공부

노하우를 배우고 싶은 마음이 들 정도다.

　수익이 너무 많이 나고 있다면 비용분배가 잘못되어 있을 수 있으므로 전체 수익구조를 세심하게 살펴야 한다. 손익 프레임이 55% 이하, 수익이 30% 이상이 되는 매장은 손님이나 직원 중 한쪽이 불만을 가질 수 있다. 재료비의 비중이 지나치게 낮아 손익 프레임이 낮은 경우에는 손님의 불만으로 이어지고 인건비의 비중이 작아 손익 프레임이 낮은 경우에는 직원들의 불만으로 나타난다. 아무런 불만과 문제없이 잘 돌아가고 있다면 지금 있는 직원들의 업무효율이 높다는 것이니 직원 이탈이 생기지 않도록 하는 것이 중요하다. 지금 상황에서는 인당 1.5명분의 일을 하는 것으로 보이므로 약 100만 원 내외의 예산을 갖고 직원 복지에 조금 더 투자하는 것도 한 방법이다. 그래도 여전히 수익은 월 5천만 원 이상, 30% 이상을 유지할 수 있다.

수익을 두 배로 올리려면 무엇을 해야 할까?

　식당 매출과 수익을 올리는 방법은 셀 수 없이 많다. 그리고 대부분의 사장님은 그 방법들을 모두 알고 있다. 간단하게 말하자면 싸게 많이 팔거나 적게 팔아도 비싸게 팔면 매출이 오른다. 정말 간단하다. 그렇다면 많이 파는 방법에는 어떤 것이 있을까? 여기서부터는 생각이 복잡해진다. 새로운 고객이 많이 찾아오도록 할 수도 있고, 한 번 왔던 고객의 만족도를 높여 두 번, 세 번 재방문하도록 하는 방법이 있다. 또 손님들이 하나 먹을 것을 두 개, 세 개 주문하도록 유도하는 방법도 있다. 다른 관점에서 보자면 점심 손님을 늘리는 방법도 있고 저녁 손님을 늘리는 방법도 있다. 홀 매출을 늘리는 전략과 배달 매출을 늘리는 전략 중에 고민할 수도 있다.

하나를 두고 봐도 이러한데 가능성이 수십 개씩 열려 있으니 사장님들의 머릿속에서는 하루에도 몇 번이고 식당을 새로 지었다 부수기를 반복한다. 그러나 어느 쪽이 지금의 우리 식당에 맞는 전략인지 판단하기가 어렵다. 다 알고 있으면서도 어느 것 하나 실행해 보지 못하고 속을 태운다. 아예 모르면 모를까 알고 있으면서도 실행하지 못하면 더 답답해진다.

싸게 많이 파는 식당의 사례가 좋아 보여 우리 가게 메뉴도 모두 1,000원씩 내렸다고 쳐보자. 그런데 전보다 손님이 늘어나지 않는다면 그만큼 고스란히 매출은 줄어든다. 또 반대로 어떤 사례를 보면 손님이 돈을 내는 만큼 음식의 가치를 느낀다는 말도 맞아 보인다. 그래서 우리 가게 메뉴가 너무 저렴한가 싶어 1,000원씩 올렸다고 가정해 보자. 그런데 손님들은 비싸다면서 하나둘씩 발길을 끊기 시작한다. 고객 단가는 1,000원이 올랐을지 모르지만, 손님 수가 줄어들면 그만큼 매출은 줄어든다. 또한, 그만큼 수익은 감당할 수 없게 추락한다. 잘못된 판단이 부른 참담한

박노진의 식당 공부

결과다. 둘 다 아무것도 안 하느니만 못 한 일들이다. 지나치게 단순화해서 설명하긴 했지만, 생각보다 이런 일들은 실제 현장에서 자주 일어난다. 숫자로 확인해 보지 않으면 이런 상황임을 전혀 모르고 지나가는 일이기도 하다.

수익을 늘리는 방법은 두 가지가 있다. 매출을 늘리거나 지출을 줄이는 것이다. 대부분의 식당은 매출을 늘리는 방법으로 수익을 늘리려고 한다. 사장님들이 매출에 예민해지는 것도 같은 이유다. 그러려면 여기서 생기는 궁금증이 하나 있다. 매출을 얼마나 올려야 수익이 늘어날까? 수익을 두 배로 올리려면 매출을 얼마나 올려야 할까? 우리 가게의 비용구조를 정확히 알고 있다면 간단한 시뮬레이션을 통해 예상 수익을 확인해 볼 수 있다.

현재 상태에서 매출을 올리면 수익이 어느 정도 향상되는지 확인해 보자. 현재 매출의 30% 정도는 인건비의 추가 없이 가능하다는 전제하에 출발한다. 매출 증가에 따른 추가 비용은 재료비만 동일 비율로 유지된다는 전제하에 매출 증가에 따른 수익 변화를 확인해 보는 것이다. 물론, 부가세나 소득세 등 매출에 따라 일정 비율로 차지하는 금액이 일반관리비에 있지만, 이 증가분 또한 크지 않은 금액이므로 무시하고 시뮬레이션을 해 본다.

월 예상 매출		
매출	58,886,000.00	
재료비	21,592,970	36.7%
인건비	12,700,500	21.6%
개인지출	-	0.0%
일반관리비	15,285,334	26.0%
수익	9,307,196	
수익률		15.8%
수익 프레임		58.2%

수익 시뮬레이션		
매출	73,886,000	
재료비	27,093,336	36.7%
인건비	12,700,500	17.2%
개인지출	-	0.0%
일반관리비	15,285,334	20.7%
수익	18,806,830	
수익률		25.5%
수익 프레임		53.9%

→ 매출 25.5% 증가(1,500만 원)

월 매출이 5,800만 원에서 6,500만 원 정도를 기록하던 매장이다. 매출을 7,500만 원까지 끌어올리고 싶어 했다. 현재 매출과 비용구조를 기준으로 1,500만 원 매출을 증가시키는 것으로 시뮬레이션을 했다. 수익이 900만 원에서 1,800만 원으로 약 2배가 됐다. 이렇게 우리 가게의 매출 증가에 따른 수익을 시뮬레이션해 볼 수 있다. 실제 매출 증가가 수익 증가로 이어지는지 점검해 볼 수도 있다. 내가 얻고자 하는 수익이 지금 우리 가게 구조에서 가능한지도 보인다.

여러 음식점의 매출 증가에 따른 수익성 증가 사례를 봐도 전체적으로 매출이 30% 정도 향상되면 위의 시뮬레이션처럼 수익이 두 배가 되는 경우가 많다. 인건비가 추가되지 않는다는 전제가 있긴 하지만 어느 정도까지는 재료비와 인건비는 적정한 비율을 유지하게 된다. 무조건 매출을 늘리려는 생각보다 특정한 메뉴나 신메뉴를 개발해 매출을 조금씩 증가시키는 방법으로 전체 매출을 30% 정도 늘리는 것이 좋다. 매출을 두 배, 세 배 늘리는 것은 어렵다. 하지만 계획을 잘 세운다면 특정한 영업시간대나 대표 메뉴나 신메뉴를 통한 이벤트 등을 통해 일일 10건 안팎의 추가 메뉴 주문을 받아내는 것은 어렵지 않다. 수익을 두 배로 늘리는 것도 데이터를 활용하면 어렵지 않다.

03

그래도 여전히
지키고 싶은 것들 앞에서

100번째 해피데이

2007년 11월 4일 새벽, 휴대전화 전화벨이 요란하게 울렸다. 마실에 불이 났고 건물이 다 탔다는 황급한 목소리가 들려왔다. 전날 워크숍 때문에 금산에 내려왔던 나는 하늘이 무너지는 것 같았다. 건물의 3분의 1이 전소되고 지역방송에 중계가 될 정도였다. 이제 겨우 자리 잡고 사나 싶었는데 왜 나한테만 이런 일이 일어나나 싶었다.

그런데 다음 해에도 다시 불이 났다. 설마가 사람 잡는다고 했는가? 그 다음 해까지 무려 3년 연속으로 불이 났다. 그것도 모두 매년 11월의 일이었다. 나중엔 보험회사에서 조사까지 나왔다. 누군가 도깨비 터라 그렇

▲ 2007년 2008년 2009년 3년 연속으로 화재가 났던 마실

다고 했다. 해마다 고사를 지내고 철마다 정성을 들여야 도깨비들이 장난 치지 않는다고 했다. 세 번째 불이 나던 2009년에는 정말이지 도깨비가 있으면 한판 붙고 싶었을 정도였다. 하루는 지인이랑 식사하러 온 철학관 을 운영하시는 분도 비슷한 얘기를 했다. 매장 천정에 동자가 앉아있다고 말이다. 하루빨리 그만두고 나가야 한다고 말했다. 여기는 당신같이 기가 약한 사람이 장사할 곳이 못 된다는 것이다.

며칠을 고민하다가 어느 날 아침 일찍 출근해 108배를 시작했다. 왜 그 랬는지는 나도 모른다. 그저 그때는 그러고 싶을 마음뿐이었다. 가게의 창문이란 창문은 다 열어놓았다. 냉면 그릇에 물을 담고 혼자 절을 시작 했다. 1배, 2배, 3배…. 시간은 흘러가고 온갖 상념이 다 떠올랐다. 눈에는 눈물이, 코에는 콧물이, 이마엔 땀이 범벅인 채로 도깨비를 불렀다. 산신 할매도 부르고 하느님도 부르고 부처님도 찾았다. 왜 유독 나한테만 이렇 게 힘들게 하냐고 울부짖고 싶었다. 내가 무슨 죄를 지었기에 그러는지 물어보고도 싶었다. 도대체 언제까지 이럴 거냐고 따지고도 싶었다.

어느덧 100배째다. 밥 한 끼 함께 먹으며 우리네 삶과 지역에 조금이라 도 도움이 될 수 있으면 좋겠다며 시작한 해피데이는 이렇게 시작되었다. 그날 새벽에 도깨비들과 얘기하면서 이 일을 다시 시작하기로 마음먹었 다. 그리고 돈을 벌면 손님들과 직원들과 지역을 위해 사용하겠다고 도깨 비들에게 약속했다. 그리고는 신기하리만큼 그 이후론 불이 나지 않았다. 10년째 도깨비들이 잠잠한 걸 보면 얼마나 잘하나 지켜보고 있는 것 같기

박노진의 식당 공부

도 하다.

10년을 거쳐오는 동안 꽤 많은 단체와 함께했다. 음악과 만나는 세상, 북면지역아동센터, 충남 장애인 부모회, 천안학교급식협의회, 천안 YMCA, 풀뿌리희망재단, 색동회 천안지회, 충남성폭력상담회, 천안농민

▲ 착한마케팅으로 유명한 마실 해피네이 행사

회, 나사렛대학교, 천안KYC, 상록회 천안시 지회, 충남 비정규직지원센터, 세월호대책위, 천안 여성의 전화, 중증장애인연대, 평등교육실현을 위한 전국학부모회, 초록우산 어린이재단, 천안아산 환경운동연합, 천안문화난장, 천안여성회, 충남시민재단….

물질적 관심이나 외부의 성공은 여전히 매력적인 유혹이다. 하지만 자신을 바깥에서 보는 시선과 안에서 보는 시선을 공유하는 방법은 나와 삶을 나누는 지역과 사회와 함께 살아가는 것이다. 신명을 다해 일하고 스스로 벌어 궁색하지 않게 먹고 사는 것에 만족한다면, 삶의 나머지는 땅한 평, 아파트 한 채 더 늘리기 위해 머리를 쓰는 것보다 나눔과 행복을 늘리는 것에 투자하는 것이 더 현명한 일이 아닐까 생각했다.

처음엔 홍보의 수단으로 써먹었고, 중도에는 면피용으로 활용한 것도 숨길 수 없는 사실이다. 하지만 어찌 되었든 나에게 해피데이는 지난 10년간 이기심으로 빠지려는 자신을 다잡고 나눔과 사랑이란 주제에서 벗어나지 못하게 만들어 준 소중한 동무와도 같은 존재임이 틀림없었다. 마실을 찾아와 한 끼 식사하셔도 좋고, 그냥 이런 음식점이 있다고 생각만 해주셔도 감사한 일이다. 추운 날씨 몸과 마음이 지친 하루, 그냥 편하게 밥 한 끼 먹으러 오시면 좋겠다. 당신의 따스한 마음이 행복을 나누는 마중물이 될 테니 말이다. 그렇게 2019년 12월, 100회 해피데이는 '평등교육실현을 위한 천안 학부모회'랑 함께할 수 있었다.

아무도 모르는 마실만의 경쟁력

2014년, 나는 직원 모두를 4대 보험에 가입시키기로 했다. 사실 식당에서 일하는 대부분 직원은 나름의 사연이 있었다. 그들은 남편을 사별하거나 자식의 사업 실패로 3D 업종(기피 업종)에 내몰린 사람들이었다. 40~50만 원을 더 벌기 위해 식당에서 일하고 있는 사람들이다. 그러

▲ 숟가락반상 마실과 주방

나 정직원으로 채용한 이후 이직률이 급속도로 낮아졌다. 지금 함께 일하는 직원들의 근속 연수는 6, 7년에 달한다. 이들 직원은 마실을 식당이 아닌 회사로 여긴다. 일반 회사처럼 금융권 대출도 가능하다. 어떤 직원은 매일 '회사'를 오는 게 즐겁다고 말하기도 한다. 이렇게 일하는 직원들의 절반이 70대 이상의 직원이다. 하지만 연봉은 천안 지역의 평균보다 높은 4,000만 원 이상이다. 홀 직원의 월급은 290만 원 정도다.

마실은 순간적인 노동 강도가 매우 높은 편이다. 점심 무렵의 2~3시간은 처음 온 직원들이 고개를 절레절레 흔들 정도다. 그래서 어떤 곳보다 팀워크가 중요한 곳이다. 그러니 그에 합당한 대우를 해주는 것이 마땅하다고 생각했다. 이들에게도 인간다운 삶이 필요하다고 여긴 것이다. 사장만 배를 불리는 식당 운영은 옳지 않다고 생각한다. 재료비 역시 원칙대로 계산하기 시작했다. 부가세를 덜 내려고 꼼수를 부리지 않았다. 식당에서의 협업과 원가경쟁력이 더해지니 마실은 이후부터 시너지를 내기 시작했다. 이것이 마실의 가장 큰 차별화된 경쟁력이 될 것이라고는 미처 생각하지 못했다. 10년 이상의 오랜 고민이 만들어낸 보이지 않는 경쟁력이었다. 적지 않은 이들이 마실의 성공을 '마실이니까'라며 쉽게 말하곤 한다. 하지만 사람들에게 말하고 싶었다. '지킬 것 지키면서도 함께 성장하는 식당이 가능하다.'라는 사실을 보여주고 싶었다.

데이터로 분석하고 가성비 메뉴로 승부하라

타고난 태생이 살갑지 못해 사람들 속에서 잘 어울리지 못했다. 사업도 2~3년 하면 시들해져 때려치우길 다반사여서 지금까지 사업자등록만 14번이었다. 이러다 길거리에 나앉을 판이라 아내가 팔을 걷어붙이고 나섰기에 지금의 마실을 그래도 13년째 운영하고 있다. 마흔넷에 간신히 적자 인생을 면하고 집 한 칸, 가게 하나 장만해 하루 벌어 하루 사는 밥장사에 매여 산지 벌써 20여 년이 다가오고 있다.

지난 시간 사람들과 어울리지 못하는 내가 유일하게 사귄 친구는 숫자였다. 데이터라고도 불리는 이 녀석은 첫 번째 식당을 쫄딱 말아먹고 세상과 등졌을 때 날 지켜주었다. 오늘은 얼마를 팔았지? 오늘 손님이 늘었는데도 재료비는 따라서 늘어나지 않는 거지? 지난달과 이번 달의 매출은 차이가 없는데 이익은 왜 500만 원이나 줄어든 걸까? 저 손님은 몇 달에 한 번씩 우리 가게를 찾아주는 걸까? 1년에 한두 번밖에 오지 않는 데도 단골이라고 하는 손님들한테 어떻게 하면 자주 오게 할 수 있을까?

이런 궁금증들을 숫자 속에 넣어 고민하고 고민하길 10년이 지난 지금 대략의 답을 찾을 수 있게 되었고, 경험과 찾은 답을 가지고 지금은 데이터 경영과 가성비 메뉴 개발 강의를 하고 있다. 분석하고 진단하지만, 그것이 내 가게의 매출로 이어지지 못한다면 백약이 무효다. 수익이 늘어나지 못해도 아무런 소용이 없는 일, 공부가 팔짱 끼고 강의 한번 듣는다고 되는 것이라면 누구나 부자가 되어 있어야 한다. 갈수록 경쟁은 치열해지고 인건비는 내려가지 않는다. 재료비나 임대료도 마찬가지다. 옆집에 손님이 많으면 배가 아프지 않은가? 손님이 없을라치면 경쟁식당 훔쳐보기를 밥 먹듯 하거나 주차장에 가득 찬 차를 원망하고 질투한 적이 한두 번이 아니었음은 식당을 경영하는 그대들 중 경험해보지 않은 이는 누구일까?

데이터로 분석하고 가성비 메뉴로 승부하라! 가성비 높은 점심 메뉴나 저녁 메뉴 하나로 깊고 좁게 파고들어라! 고객 수를 늘릴지 고객 단가를 올릴지, 원가를 줄일지, 매출을 늘릴지, 수익을 늘릴지, 인건비를 늘릴지는 그 속에 들어가 봐야 안다. 땀과 눈물 젖은 빵을 먹어보지 않은 이들에겐 아무 소용없는 이야기들이겠지만 말이다.

박노진의 식당 공부

실습 문제 7

고객 단가 향상을 통한
매출 증가 시뮬레이션

고객 수가 정해진 상태에서 고객 단가 향상을 달성했을 때 매출이 얼마나 오를지 시뮬레이션을 통해 예측할 수 있다.

	현재	목표
매출	현재 매출	현재 고객 수 × 목표 고객 단가
고객 수	현재 고객 수	현재 고객 수
고객 단가	현재 고객 단가	목표 고객 단가

매출 증가 계획
실행 로드맵

매출 목표를 세웠으니 실행계획을 세워 보자. 1년 내내에 매출 30% 성장이라는 목표를 세웠다면 몇 개월을 성장하고 다시 주저했다 다시 올라간다. 매출 증가 계획을 세울 때는 최소한 6개월 혹은 1년의 계획을 갖고 장기적으로 고객 단가와 고객 수, 수익률을 올리는 작전을 짜야 한다. 2~3개월 만에 우리 가게 매출이 30%, 50% 성큼성큼 올라가길 바란다면 불가능한 꿈을 꾸는 것이다. 짧게는 6개월, 길게는 1~2년에 달성할 수 있는 매출 목표 달성을 위한 로드맵을 그려보자.

(참고 : 마실 샘플)

숟가락반상 마실	목표 설정				어떻게
	내용	매출	고객 수	고객 단가	실행 전략
현재	현재	100,000,000원	10,000명	10,000원	
1차 (3개월)	매출 10% 향상	110,000,000원	10,500명	10,476원	
2차 (6개월)	매출 20% 향상	120,000,000원	11,000명	10,909원	
3차 (12개월)	매출 30% 향상	130,000,000원	11,500명	11,304원	

박노진의 식당 공부

(참고 : 우리 가게 적용하기)

	목표 설정			어떻게
	내용	매출	고객 수	고객 단가	실행 전략
현재					
1차 (3개월)					
2차 (6개월)					
3차 (12개월)					

마실 대전 둔산점

2013년 8월 26일의 일이었다. 개업 첫날부터 정신적 혼란(멘붕)이 왔다. 근처에 있는 시청 공무원들이 개업일에 맞춰 식당을 찾았다. 하지만 1시간 이상 대기가 계속되었다. 멀리서 찾아온 친구 부부는 밥도 못 먹고 식당을 나서야 했다. 그 난리를 쳤는데도 매출은 고작 97만 원이었다. 이후 6개월간은 하루하루 긴장의 연속이었다. 아침에 일어나면 한동안 침대 모서리에 앉아 마음을 진정시켜야 했다. 가슴이 쉴 새 없이 방망이질 쳤다. 돌이켜 생각해 보니 그게 다름 아닌 공황장애 증세가 아닌가 싶을 정도였다. 무엇보다 직원들 때문에 힘이 들었다. 3개월만에 한 명을 제외한 모든 직원이 식당을 나가버렸다. 일하는 도중에 나가버리기도 했다. 그들에겐 상식이 통하지 않았다. 오랜 직장생활로 다져진, 그가 알고 있던 조직의 규정이나 노동법 등이 통하지 않았다. 엎친 데 덮친 격으로 이듬해 2014년엔 세월호 참사와 메르스 사태가 식당을 덮쳤다. 마실 대전 둔산점의 대표의 식당 개업기는 이렇게 요란하게 시작되고 있었다.

하지만 그는 마실 본점의 도움으로 자신감을 얻었다고 했다. 실제로 그는 정말 어려운 일이 있으면 서슴없이 내게 연락해오곤 했다. 가맹점이 좋은 점은 이런 멘토의 역할을 기대할 수 있다는 것이다. 조금씩 식당의 큰 줄기와 디테일이 갖춰지기 시작했다. 그의 아내가 매장 인테리어를 전담했다. 아울러 국문학과를 나온 경력을 살려 페이스북, 블로그와 같은 SNS 채널을 적극적으로 활용하기 시작했다. 상견례 때는 손글씨로 환영 인사를 지금도 쓰고 있다고 했다. 카운터에 있는 이쑤시개와 명함꽂이 하나에도 세밀한 배려가 숨어 있었다. 하나씩 빼서 쓰기 쉽도록 몇 개는 항상 뽑혀 있음을 보고 감탄한 적이 있을 정도였다.

이들 부부 사장님은 데이터 경영에도 열심이다. 가맹점주 교육이나 레시피 개발에도 어느 지점보다 열심히 따라준다. 공산품과 채소는 견적을 별도로 요청해 몇 번이나 바꿨다고 했다. 냉동식품의 경우 직사입을 통해 원가를 낮추고 있었다. 30% 정도였던 재료비도 대량구매를 통해 26%까지 낮추고 있었다. 손님들에게 제공할 만큼 하면서도 타이트한 운영을 통해 이 정도의 원가율을 지키고 있다고 했다. 게다가 둔산점은 본점의 메뉴 구성을 충실히 따라주고 있었다. 나름의 대표(시그니처) 메뉴 개발에 대한 욕심은 아직도 참고있다고 했다. 그만큼 본점에 대한 신뢰가 깊고 큰 가맹점이었다. 게다가 나처럼 매월 식당 매출의 일부를 기부하고 있다는 점도 놀라웠다. 주민센터에 가서 매월 100만 원씩 기부한다고 하니 담당 직원이 용수철처럼 튀어 올랐다고 했다. 일이 커져 해당 구청 구청장과 조인식까지 하고 왔다는 것이다. 이 말을 들은 나는 얼마나 뿌듯하고 흐뭇했는지 모른다.

마흔둘에 쌍둥이를 얻은 사장님이었다. 환갑 때 대학을 보낼 생각을 하니 현실적인 걱정도 하지 않을 수 없었다. 회사를 정년퇴직한 후 1년 반을 쉬었다. 30년을 쉬지 않고 일한 자신에 대한 보상이라고 생각하고 학원에 다니고, 산을 오르고, 도서관을 찾았다가 내가 쓴 책 <공부하는 식당만이 살아남는다>라는 책을 우연히 발견하고 마실이라는 익숙한 이름을 보고 한달음에 내게 전화를 걸어온 그였다. 집 근처에 있는 식당이라 반갑기도 했지만, 책 속의 내용은 더욱 충격적이라 했다. 이렇게 시작된 인연이 6개월 이상 이어졌다. 그리고 마음속 깊은 곳에서 '한번 해 보자!'라는 각오가 생겨났다고 했다. 결심이 선 사장님과 마땅한 식당 터를 찾아 전국을 누볐다. 서울에서 의정부, 수원을 거쳐 결국 대전으로 낙점을 보았다. 이보다 아래에 있는 지방은 마실의 퓨전한정식을 소화하기가 힘들 것 같았기 때문이었다.

사실 이들 부부는 마실 메뉴의 열렬한 지지자들이었다. 육식을 안 하는 사장님 부인의 영향으로 퓨전한정식을 거부감 없이 받아들일 수 있었다. 비교적 저렴한 가격과 엄청난 가성비, 음식의 품질, 전통 한정식보다 포인트가 있는 점도 매력적이라 했다. 상차림의 화려함, 가성비와 맛이 어우러진 마실을 다행히도 무척이나 사랑해 주었다. 하지만 식당 개업을 위해 인테리어를 준비하던 날, 그의 형님이 찾아와 말없이 담배를 피우던 장면을 잊을 수 없다고 했다. 그는 지금도 외식업을 시작하려는 사람들은 쌍수를 들어 말린다고 했다. 자신 역시 이렇게 힘든지 알았으면 결코 안 했을 거라 했다. 하지만 만약에 정말로 하고 싶다면 지금처럼 마실과 함께할 거라 했다. 나는 그 말을 듣고 앞으로 내가 해야 할 일이 무엇인지 분명히 깨달을 수 있었다. 이런 선순환의 과정이 반복될 수 있도록 더 많이 공부하고 실천하고 기록해야겠다는 생각이었다. 그것이 어쩌면 내게 주어진 운명과도 같은 숙제가 아닌가 하는 생각이 든 것이다. 한 편으로는 마음 가볍고, 다른 한편으로는 무거운 책임감을 느끼지 않을 수 없는 그런 만남이었다.

▲ 퓨전한정식 마실 대전 둔산점

하루를 마감하지 못하면
한 달을 마감할 수 없다

식당 사장들은 하루하루를 산다. 마감하고 누웠을 때 '나는 오늘 얼마를 팔았고 얼마를 남겼다. 우리 가게 손님은 몇 명이었고 고객 단가는 얼마였다.'라는 숫자가 머릿속에 선명하게 떠올라야 한다. 내일이면 또 다른 숫자들로 채워지겠지만 그 숫자들을 매일 가슴에 품고 수시로 들여다보며 고민하는 사장님들은 분명 플러스 수익을 향해 배를 몰고 갈 수 있다.

매일 식당을 마감하는 것이 쉬운 일은 아니다. 데이터 분석을 시작해 보겠다는 사장님들께 눈 딱 감고 3개월만, 딱 90일만 매출과 비용을 매일 기록해 보라고 한다. 99%의 사장님들이 일주일을 못 가서 포기한다. 쉽지 않은 일이라는 걸 안다. 종일 음식과 손님에게 시달리고 겨우겨우 마지막 손님상을 치우고 피곤이 온몸 마디마디에 들어앉아 있는데 거기서 또 영수증을 꺼내 놓고 들여다볼 기력이 없다. 나머지 1%의 사장님들만 이 꾸준히 데이터를 쌓아가고 식당의 새로운 흐름을 만들어 낸다.

하루를 마감하지 못하면 한 달을 마감할 수 없다. 데이터 경영에 관해 이야기할 때면 매번 강조하는 말이다. 매일 마감이 쉬운 일은 아니지만 불가능한 일도 아니다. 시스템만 제대로 갖춰진다면 15분의 투자만으로도 가능하다. 처음에는 이 많은 숫자가 어디서 온 것이며 어디를 봐야 할지 몰라 허둥거리던 것이 이제는 포스의 어느 버튼을 눌러 숫자를 뽑아 놓고 영수증은 어떻게 모아 놔야 하는지 노하우가 쌓여 간다. 하루를 마감하는데 30분을 넘지 않는다. 실제로 많은 사장님이 데이터 경영 수업을 통해 15분이면 일일 마감을 할 수 있는 시스템을 익히고 활용하고 있다. 직원들이 주방 마감을 하는 동안 앉아서 정리하는 것이다.

하루 마감의 효과는 정리 자체에 있지 않다. 3개월 정도 데이터가 쌓이면 그다음은 본격적인 분석을 할 수 있게 된다. 데이터에서 기록이 기본이라면 핵심은 분석이다. 3개월을 매일 꾸준히 기록한 사람들은 따로 분석하려 애쓰지 않아도 숫자들끼리 관계를 맺으며 연결되고 또 궁금한 숫자들이 생겨난다.

데이터를 매일 정리하는 이유는 데이터의 상황을 그때그때 현장에 반영하기 위해서다. 한 달에 한 번 하면 고칠 기회도 한 달에 한 번뿐이다. 20일이나 23일 정도 됐는데 재료비가 매출의 40%를 차지한다고 보자. 우리가 원하는 재료비는 32% 수준인데 8%가 넘었다. 그대로 가면 재료비가 40%에 맞춰진다. 그러면 최종적으로 얻게 되는 순수익에서 7%가 줄어든다. 15%의 이익을 얻고 있었다면 이번 달 순이익은 7%밖에 안 된다. 그러면 그만큼 그 가게는 손해를 보게 된다. 반대로 재료비가 32%가 목표인데 25%밖에 안 되는 가게가 있다고 가정해 보자. 그러면 그 가게는 이대로 가면 8%의 이익이 더 난다. 이 말은 바꿔 말하면 손님이 그만큼 손해를 본다는 것과 같은 의미다. 손님이 손해를 봤다는 생각이 들면 그 손님은 다시 안 올 확률이 높다. 원가 분석과 조절을 일별 단위로 하지 않으면 금방 바꿀 수 없다. 뭔가 좀 올라가 버리면 그걸 조절하고 움직이는 데 시간이 걸린다.

그래서 우리는 일별로 하는 것을 기본으로 한다. 매일 보면서 문제가

박노진의 식당 공부

생긴 지점들을 현장에 반영하고 문제가 생긴 지점들을 유심히 들여다본다. 금액이 크기 때문에 한 번 잘못 잡히기 시작한다면, 후에 한꺼번에 잡을 수 없게 된다. 매일 점검하면서 문제가 생긴 지점은 없는지 확인하면서 가는 것이 가장 안전하면서 확실한 데이터 관리방법이다. 데이터 일보를 매일 정리하고, 그 데이터들이 모여 월간과 연간 데이터를 만들어 가는 것이 데이터 경영시스템이다.

하루하루가 쌓여 한 달이 된다. 한 달 한 달이 쌓여 일 년이 된다. 이 시간의 진리를 모르는 사람은 없다. 마찬가지로 한 달이 수익이 나려면 수익이 나는 하루가 모여야 한다. 돈이 모이는 구조를 만들기 위해서는 매일의 수익을 체크하면서 가야 한다. 식당 데이터 분석을 위해서는 하루하루의 시간이 쌓여야 한다. 하루를 마감하고 나면 매출, 비용, 수익이 정리되어야 한다.

특별 부록

우리 가게
진단표

Checked

우리 가게 진단하기

① 가게 이름과 주소를 적어주세요. (상호의 의미나 작명 계기)

가게 이름	
가게 주소	
가게 콘셉트	

② 가게는 자가건물인가요? 임차건물인가요?

자가	임차	규모 (평수)	층수	가시성	대로변	이면 도로	주차장 (대수)

③ 가게의 업종은 무엇인가요?

한식	일식	중식	양식	아시아 요리	고기요리	해산물 요리	기타

④ 가게의 주력 메뉴와 사이드 메뉴는 무엇인가요?

분류	주력 메뉴 1	주력 메뉴 2	주력 메뉴 3	사이드 메뉴 1	사이드 메뉴 2	사이드 메뉴 3	기타
메뉴명							
가격대							

Checked

5️⃣ 가게의 직원은 어떻게 구성되어 있나요?

전체 직원 수	홀 직원 수	주방 직원 수	R/A 일당	4대보험 가입자 수	4대보험 미가입자 수	유니폼 유/무	인센티브

6️⃣ 현재 가게 매출, 원가, 수익에 대한 기초자료조사입니다.

월 매출 최고		원가율(%) 최고		수익율(%) 최고	
월 매출 최저		원가율(%) 최저		수익율(%) 최저	
월 매출 평균		원가율(%) 평균		수익율(%) 평균	
희망 매출		희망 원가율		희망 수익율	

7️⃣ 우리 가게의 주요 고객과 영업 현황에 대한 조사입니다.

고객 분류 ①	직장인	관광객	단체 /회식	주부 /가족	친구 /연인	작은 잔치	
고객 분류 ②	20대	30대	40대	50대	60대 이상	남성	여성
영업 비중(%)	점심	저녁	주말	24시 운영			

8 (1) 선택 속성에 대한 여러 시각에서의 조사입니다.
대표님은 어떤 선택 속성으로 가게를 방문하고 있다고 보시나요?

메뉴 맛	메뉴 가격	메뉴 다양성	메뉴 양	서비스	분위기	입지	주차장

8 (2) 고객은 어떤 부분에서 가장 불만을 갖고 있을까요? (순서별 중복표기 가능)

메뉴 맛	메뉴 가격	메뉴 다양성	메뉴 양	서비스	분위기	입지	주차장

8 대표님이 가장 자신있는 부분은 어떤 부분인가요? (순서별 중복표기 가능)

메뉴 맛	메뉴 가격	메뉴 다양성	메뉴 양	서비스	분위기	입지	주차장

Checked

⑨ 대표님께서 요즘 고민하는 내용은 주로 어떤 것인가요? (순서별 중복표기 가능)

직원 구인	고객 만족도	매출 향상	마케팅	교육 (공무)	시스템 구축	대박메뉴 개발	원가

기타(자유롭게 적어주세요.)

Checked

⑩ 경쟁 가게에 대한 조사입니다. 아시는 대로 기술해주세요.

기본 정보	경쟁가게 상호					
	면적(평수)					
	입점(층수)					
	주력 업종					
	대표자 상근					
	총 직원 수					
메뉴 분석	메인메뉴 ①					
	메인메뉴 ②					
	메인메뉴 ③					
	사이드메뉴 ①					
	사이드메뉴 ②					
	사이드메뉴 ③					

매출 추정	평균 객단가					
	테이블 수					
	룸(개수)					
	일일 고객 수					
	월 매출액					
	평일매출(1일)					
	주말매출(1주)					
	고객비중(남/여)					
	고객연령대					
	판매비중 (점심/저녁/주말)					
장단점 분석	메뉴 맛					
	메뉴 양					
	메뉴 가격대					
	메뉴 다양성					
	서비스					
	분위기					
	입지					
	주차장					
	인지도					
평가점수						

Checked

우리 가게 매출 수익 데이터 분석

분석기간 (　　　　　　　～　　　　　　　)　　　　　　단위 : 만 원

	매출		원가		수익	
	금액	비율	금액	비율	금액	비율
최고						
최저						
평균						
목표						

Checked

우리 가게 매출 손익 프레임 분석

분석기간 (~   )　　　　　　단위 : 만 원

	재료비		인건비		관리비	
	금액	비율	금액	비율	금액	비율
최고						
최저						
평균						
목표						

Checked

최근 1년 동안
매출 비교분석

	월 매출	평일(점심)		평일(저녁)		주말	
		매출액	%	매출액	%	매출액	%
1월							
2월							
3월							
4월							
5월							
6월							
7월							
8월							
9월							
10월							
11월							
12월							

Checked

최근 3년 매출 분석과
_____ 년 계획

	_____ 년	_____ 년	_____ 년	_____ 년(목표)
1월				
2월				
3월				
4월				
5월				
6월				
7월				
8월				
9월				
10월				
11월				
12월				

Checked

우리 가게 데이터
(메뉴 분석)

분석기간 (　　　　　　　～　　　　　　　)

순서	메뉴명	최고		최저		총 판매량		일 평균 판매량	
		판매수	요일	판매수	요일	판매수	영업일	판매수	영업일
1									
2									
3									
4									
5									
6									
7									
8									
9									
10									
11									
12									
13									
14									
15									

Checked

우리 가게
키워드 조회

조회일 :　　　　년　　　월　　　일

	키워드	블로그 포스팅 수	PC 검색 수	모바일 검색 수
1				
2				
3				
4				
5				
6				
7				
8				
9				
10				
11				
12				
13				
14				
15				

Checked

	키워드	블로그 포스팅 수	PC 검색 수	모바일 검색 수
16				
17				
18				
19				
20				
21				
22				
23				
24				
25				
26				
27				
28				
29				
30				